北京宣传文化引导基金
BEIJING CULTURE GUIDING FUND
北京宣传文化引导基金资助项目

老北京的四季盛景

何羿翯 著

北京出版集团
北京美术摄影出版社

图书在版编目（CIP）数据

老北京的四季盛景 / 何羿翯著. — 北京 ：北京美术摄影出版社，2023.11
　　ISBN 978-7-5592-0560-5

　　Ⅰ．①老… Ⅱ．①何… Ⅲ．①地方文化—北京 Ⅳ.①G127.1

中国版本图书馆CIP数据核字（2022）第205367号

责任编辑：赵　宁
助理编辑：刘丽菲
责任校对：赵贝培
责任印制：彭军芳
整体设计：孙　建
封面题字：爱新觉罗·启元

老北京的四季盛景
LAO BEIJING DE SIJI SHENGJING

何羿翯　著

出　版　北京出版集团
　　　　北京美术摄影出版社
地　址　北京北三环中路6号
邮　编　100120
网　址　www.bph.com.cn
总发行　北京出版集团
发　行　京版北美（北京）文化艺术传媒有限公司
经　销　新华书店
印　刷　雅迪云印（天津）科技有限公司
版印次　2023 年 11 月第 1 版第 1 次印刷
开　本　787 毫米 ×1092 毫米　1/16
印　张　16.25
字　数　212 千字
书　号　ISBN 978-7-5592-0560-5
定　价　68.00 元

如有印装质量问题，由本社负责调换
质量监督电话　010-58572393

序　言

　　我相信，每个人都会对自己居住的城市有份独特的情怀。这份情怀或许存留于朋友聚会的畅谈中，或许显露在微信点赞的表情上，或许沉淀在那些独坐在阳台上看着夕阳西沉的时光中。何羿翯成长、生活在北京，对这座城市有着美好的感情。她在电视台工作，平时既出外景又做幕后工作，有着敏锐的观察力，以及较强的对事物的判断和处理能力。虽然她年龄不大，但在北京这座城市的很多地方留下了自己的足迹。如今，她摘取6处北京名胜古迹辑录成《老北京的四季盛景》一书，与读者朋友分享她的游览故事，这真是一件值得期待和令人欣喜的事情。

　　北京是中外驰名的历史名城，历经岁月朝代更迭，留存下众多的文物古迹、人文景观，给生活在这座城市里的人们提供了感悟古今、增长学识、怡情养性的多重可能。我作为一个出生在北京的人，就体验到了这座城市给予我的无数恩惠。当读到何羿翯《老北京的四季盛景》散文作品时，更是深有感触。

　　书中写到了一个地点——北海公园。这是全国人民都很熟知的一座公园。当年电影中的一首插曲《让我们荡起双桨》，是很多人的童年记忆：白塔、湖水、小船，还有那些在微风中轻拂到脸颊上的柳丝和船上的小伙伴。每当这首歌一响起，不论是从哪一个地方传来，都会直入我们的心弦，生出无法抑制的悸动，也一次次地让我们对北海产生神往。

　　即使在我的成年时期，在北海公园里的湖上划一次船，仍是一件很奢侈的事情。奢侈的不是几百块钱押金和几十块钱一小时的费用，而是等待上船的时间。在可以容纳的湖面空间中，船已经不少了，但迫切想上船的人更多。周末同事们约着一起去时，总要挑选出一个"肯吃苦受累"的人，比我们同行的人提前几个小时去船坞那里排队等着买船票。如果是上午去，可以在公园开门前就去等着，但上午在湖面上漂荡总是无趣。下午或傍晚的时候上船，那排队买船票的人等待的时间就要更长些。我们总是不忍心让一个人受累，常常是轮流去排队。其实这时公园里的景色已经熟悉得不想再逛了，但为了划船，即使站在队伍里的人头顶烈日大汗淋漓，在树下打牌消耗时间的同伴们也渐渐无聊，但到了上船那一刻，一切等待和辛苦都值了，一切乐趣都自然而来，一切心愿都可尽情抒发。这就是北海公园白塔倒影下的那池湖水的魔力。

　　书是人与人之间沟通的桥梁。读一本好书，可以激发人潜在的情感、深藏的记忆和翱翔的动力。捧读何羿翯的《老北京的四季盛景》，就让我找到了这样的感觉。北海公园曾经带给我很多美好的生活体验。我创作出版的长篇小说《成长欲望》，诉说的就是一段青春故事。北海公园是其中描写到的一个重要场景。当我伏案写这篇序言时，回想起上一次走进北海公园的情景，已经是很久以前的事情了。何羿翯的《老北京的四季盛景》，激发起我再次走进北海公园的冲动。

　　《老北京的四季盛景》里面写到的公园自然不止北海一处，我相信，会有更多的读者在读过这本书后，调动起他们各自奔向心中胜地的冲动。

　　北京这座城市独特的魅力，为写作者提供了丰富的生活素材和广阔的创作空间。很多著名作家都曾为北京这座城市留下过许多优美而情深的文字。1912年，鲁迅随当时的教育部迁居北京，在这座城市留住下来。他多次在文章中写到去城南的琉璃厂淘书的事情，在日记中，也多次提到喜欢广和居。他著作中不多的有关爱情题材的小说《伤逝》，写的就是发生在北京的故事。老舍是擅长写北京的作家，他的《离婚》《骆驼祥子》《四世同堂》《龙须沟》《茶馆》等作品的发生地都是北京。此外，他还写过《想北平》《北京的春节》等散

文，记述他身处外埠时对北京的思念。著名作家郁达夫在20世纪30年代写过一篇怀念北京的文章——《故都的秋》，表达了当时身居杭州的他对北京这座城市的牵挂。他在文章中写道："总要想起陶然亭的芦花，钓鱼台的柳影，西山的虫唱，玉泉的月夜，潭柘寺的钟声。"人们对一座城市、一个地区或一件事物的回忆和思念，总是会落到具体的点上。何羿翯的《老北京的四季盛景》正是学习了这些写作风格，将陪伴她成长的，也是北京人熟悉的物景记录下来。这样的文章，更容易引起读者的共鸣。

我和何羿翯都是北京人，但以前并没有在哪条街或哪个胡同里有擦肩而过的机遇。我们两个人能相识相知，都是因为文学这个媒介。我是东城作家协会的副主席兼秘书长，何羿翯是我们东城作家协会的理事。东城作家协会每年都会组织会员围绕当年主题创作出版一本"东城故事"。在《改革开放话东城》《70年北京东城足迹》《2020年记事》《逐梦前行映初心》等书中，都有何羿翯的作品。深入生活，更好地从人民群众的多彩生活和奋斗实践中汲取营养，更好地书写北京、描绘北京、歌唱北京，讲好北京故事，是我们每一个作家的职责，也使我们不断提升自身能力。

何羿翯的《老北京的四季盛景》就是她的最新收获。在此，再一次向她表示祝贺！

希望更多生活在北京的读者，通过《老北京的四季盛景》，找回自己的记忆。也希望还不熟悉北京的读者，通过《老北京的四季盛景》，能够来北京，亲身感受一下这座城市的魅力。

杨建业

2022 年 4 月 22 日

杨建业，中国作家协会会员、北京市东城作家协会副主席兼秘书长。

目　录

第一章

北海公园／亲切的四季盛景

第一节　我儿时的乐园

"让我们荡起双桨，小船儿推开波浪。海面倒映着美丽的白塔，四周环绕着绿树红墙。"

提起北海公园，无论年龄大小，很多人的第一反应就是这首歌。老北京人对北海公园感情深厚——谁家里没有几张在北海公园照的泛了黄的黑白照片呢？照片上的人即使模糊得都看不太清楚了，但是，人站在铁围栏前，后面的水面和白塔是那么的清晰。所以我说，北海公园的四季美景是最亲切的。

现在恋人约会爱去时尚地打卡。过去年轻人谈恋爱必然要到北海公园以白塔为背景泛舟，等有了孩子后更要带儿女到北海公园游玩。公园里有年轻的夫妇带着孩子的，也有祖孙三代一起来的。在这儿，有多少人是年年来、代代来；有多少人是从孩童时代玩到了头发花白！

北海公园颇有人气，它就在北京城的中心。过去既没有迅捷的地铁，也没有私家车的交通不方便的时代，大家都是乘坐公交车去北海公园游玩。我爸爸、姑姑小时候家住在阜成门一带，离北海公园不算远，经常是爷爷和奶奶周末带着他们去北海公园玩儿。姑姑还清楚地记得坐1路或者3路无轨电车（姑姑小时候的北京城里有无轨电车，1路是当时的无轨电车，不是指现在长安街上的1路公交车），从阜成门花几分钱车票就到了北海，再花5分钱门票，就能在北海公园玩一天。

我小时候北京城的交通便利了一些，我家门口有一趟公交车可直达北海公园南门，还有一趟能直达北海公园北门。家中一摞摞的影集里记录着我童年在北海公园的时光，白塔、水边、五龙亭、九龙壁、漪澜堂等处都有我的身影。奶奶喜欢坐船，就经常带着我从长廊（漪澜堂前）的码头上船，坐到北岸上来，接着在五龙亭一带继续玩。我们坐的船很大，看上去像是浮在水面上的小型宫殿。依稀记得红漆的柱子得有十几根，船顶是平的，船顶边沿像是瓦房的屋檐，一块块依次排开。大船稳稳地停靠在岸边。码头上是大木板铺的路，通到船边，很平整，只是进船舱的一刹那有些许晃动，船舱里很平稳。船的座位是红色的，用像长廊一样的宽木条充当木椅，后来陈旧的木椅被套上了一层塑料壳。再后来，大船体积稍稍小了一点，造型变得漂亮了许多。船顶做得像小亭子，黄瓦绿顶，有单檐的，还有重檐的。船内是多根绿色的柱子，这时的椅子已经改成了一排排的塑料椅，能坐不少人。大船就像一座游动的亭子在水面上移动。在北海公园，游船都是那么古香古色。

小孩子上了船就兴奋。船舱内面积也宽阔，对四五岁的我来说，这里就像一个小广场，可以在开船前来回奔跑，四处坐坐。等到要开船时，奶奶就会喊我："快过来吧，船要开了，坐好了。"长廊渐渐被甩在了我们的身后，越来越远，东岸高大的杨树缓缓地向后移动，太阳照在水面上，闪耀着金灿灿的光芒。一般人们都爱在船头看风景，我却爱在船尾看大船翻起碧绿的波浪，溅起层层白色的浪花。一阵风吹过，水沫儿飘到我脸上，凉凉的，

还有一丝腥味儿。

等年龄再大一点，家长就带我坐鸭子脚踏船了。我既兴奋又有点紧张，感觉小船不如大船安全稳当。上船的时候鸭子脚踏船很晃，谁先坐进船里，有人的这边因为有了重量，就要往一侧倾斜。等小船两侧人的重量平均些，似乎稳了一点，可小船还是晃晃悠悠。要是赶上大船经过后，一排排巨大的绿色波浪飞快地向我们的小船奔涌而来，打到船舷上，小船就一颤，我真怕船翻了我们掉落进水里。这不仅是划船的乐趣，更是我紧张和刺激的独特记忆。等到风平浪静，我的胆子便大了些，于是开始不安分，坐在小船边，歪斜着身体，把一只手伸出去，再使劲伸一点，终于抚摸到了北海的水。手拿上来，手上有点黏，还残留着水里特有的腥味儿！

北海公园一年四季都有看不完的美景，我印象中，过去最常去的季节是夏天，因为这时候可以泛舟，好不惬意。小时候逛北海公园是快乐地游玩，撒欢

◎ 作者小时候在北海

儿地奔跑，却没有留意北海公园有很多雅致的景色和古朴、有特色的建筑。成年之后再去，才渐渐发现这里的风景美好，每次去都有不一样的收获和感悟，也才一点点了解到北海公园的历史和地位。

北海公园位于北京城的中心，占地面积约69万平方米，其中水域面积约39万平方米，历经金、元、明、清多个朝代，是历代帝王和皇室成员游览、祭祀、处理政务的御用场所，也是我国现存建园历史悠久、保存最完整的皇城御苑。盛夏时节，北海公园是京城宝贵的纳凉之地。能在城里有这么一块宽阔的水域那可是弥足珍贵，这恐怕也是人们喜爱北海公园的原因之一吧。著名历史地理学家侯仁之先生曾评价"没有北海，也就没有现在的北京城"，可见北海在北京城的地位。北海公园有着很多原来被人们忽略的美景和故事，这次我们要好好逛一逛。请您跟随我的镜头和文字，开启我们独特的四季之旅，一起欣赏北海公园最亲切的四季之美。

◎ 北海的春天

◎ 北海的夏天

◎ 北海的秋天

◎ 雪后北海

第二节　北海北门附近的景观

小时候奶奶带我去北海公园一般是坐101路公交车，进公园的南门，就是正门，也叫前门。现在长大了再去北海，我一般喜欢坐地铁，这样更方便快捷。北京地铁6号线有一站叫"北海北"，下地铁向东步行5分钟就是北海公园北门。

1. 北海公园的标志——白塔

进入北门，一眼就能望到巍峨的白塔矗立在南岸的琼华岛之上。虽然这时看到的只是塔的背影，但依然可以感受它的壮观：立于山顶的白塔像一位高大伟岸的男子，有顶天立地的威严，而洁白的塔身、优美柔和的曲线又让白塔呈现出少女般的婀娜妩媚。白塔是北海的标志，望着白塔就知道我们已经来到了北京独一无二的北海公园。

高高的白塔是壮丽的。每次来我都要仰望它洁白的塔身，怀着崇敬之心、敬畏之心凝望这悠久的历史遗迹。它虽不开口，可不言自威。它是见证漫长历史、穿越漫长岁月的古迹。它的庄严让人肃然起敬。北京的公园不仅仅是游乐的场所，也绝不是你看到名牌上简单的5A级景区几个字，包含的内容深厚而广博，是学者们一生都研究不完的。北京的名胜很多都是皇家园林，这是世界上绝无仅有的，这些皇家园林拥有独特的气质，是全人类的文化遗产，是我们感受和学习北京历史文化、古都文化、京味文化的重要场所。

2. 北海公园水面上的四季景色

站在岸边，我和白塔之间还隔着一个宽阔的水面。早春，乍暖还寒，人们还穿着羽绒服，这里却已经有了生机：水面上由远及近游来了两只小鸭子，真是"春江水暖鸭先知"！小鸭子游来游去，寻觅着春天的气息。其实，正是它们带来了春的讯息，是它们融入了眼前春的画卷里，成为报春的使者。再过一段时间，水面上的小鸭子就更多了。我立刻理解了"生机勃勃""春意盎然"这些词汇的含义。

偶然间，我发现，一向威严的白塔也会显得活泼和俏丽，那就是在春天。岸边有一株株垂柳，春天时长长的柳条温柔地垂着，鹅黄色的小柳叶悄悄地卷在枝头，嫩嫩的，真是可爱。它们像是在试探，只抽出了寸长，好奇又让它们迫不及待地继续舒展，来看看这美丽的世界。白塔俏皮地躲在柳条后，春风拂过，塔影在波光粼粼的水面上若隐若现。当柳叶在枝条上慢慢地舒展、长大，从鹅黄变成浅绿，又由浅绿转成深绿，春天也随着柳芽渐变的颜色悄然走进了古老的京城。

等到夏天，柳树细长的如一叶叶扁舟的深绿色叶片挂在枝头。看着它们带来的满眼绿意，是盛夏中一丝清凉的慰藉。若是中午阳光最强烈的时候，又没有风，柳叶和柳枝低垂着，显得无精打采，透着夏天的困倦和慵懒。这时的

人们却是最忙碌的，也是最快乐的。过去到北海公园，夏天一定要划船。在原来交通不那么便利的时代，北海公园这片在北京城里的水域是难得的，就更是宝贵的。甚至在一定程度上，人们说去划船就等同于去北海公园。这一点有佐证便是老舍先生在《住的梦》里写道："西山有红叶可见，北海可以划船。"泛舟白塔之下，就是享受着《让我们荡起双桨》这首歌里唱的那番景致："小船儿轻轻漂荡在水中，迎面吹来了凉爽的风。"这就是北海公园水的魔力，夏天即使再骄阳似火、酷暑难耐，可只要上了船，在水面上乘风破浪就凉快了很多，这成了北京夏日的难得享受。谁都想来体验夏季的凉爽，可是，过去船少，就要排队。再长的等待也是值得的，就为上船后那份舒爽和惬意。现在公园里的游船多了：大船、鸭子船、荷花船……各种船满足了人们泛舟北海的愿望。一到夏天，水面上就喧闹起来，各式的船熙来攘往。这热闹的景象，就像《清明上河图》中繁忙的漕运景象。

北京秋天的特点是天高云淡，阳光明媚且温暖，没有了夏天的毒辣，空气中也没有了伏天的潮湿与闷热。这时，天空蓝得透亮，云少就感觉蓝天更悠远和开阔了。阳光下的一切都被照耀得亮晶晶的，正是出游的好时节。老舍、郁达夫等名家都写过北京秋天的文章，北京的秋天虽然短暂，但确实有特点。秋天北海的水面上没有了夏日的繁忙，望着水面和白塔是那么的通透。柳树的叶子正由绿变黄，虽然阳光尚好，树叶也尚浓密，可站在岸边，却透着一丝凉意。毕竟寒露过后就是霜降，我们的老祖宗智慧地发明了节气，这对我们生产、生活至今影响颇深。秋天的最后一个节气是霜降，"履霜坚冰至"。当我们踩到霜的时候，就说明天气慢慢冷了，要准备过冬了。好像一到每年的11月，立冬前后，必定会风雨大作，树叶飘落，冬天就真的来了。

到冬天时，就剩下光秃秃的褐色柳树枝随风飘动，寒冷而肃杀。可要是赶上下雪，就是完全不一样的图景：冰面上覆盖着一层白雪，白塔上也落了雪。

若是晴天，蔚蓝的天空像刚刚洗过的蓝丝绸一样的透亮，太阳高高地悬挂在空中，照在冰面广阔的白雪上。要是雪后还没放晴，冰面上雾气弥漫，天光一色，宛如一幅古代的水墨画。而冬天的小鸭子们，成群结队地站在冰面上，像乐谱上的一个个音符，晒着太阳和人们一起等待春天。停在岸边的黄鸭船是这时难得的色彩，一个个黄黄的小鸭头上，覆盖着白雪，像是小鸭子们戴了一顶顶特制的白帽子，齐刷刷的，漂亮又可爱。

◎ 雪后白塔

仁立在北海公园的北岸，我不光望向南面的白塔，还要侧头向东张望那春生、夏长、秋收、冬藏。东面高大的杨树也随着四季有规律地变化着，唯一不变的是树下的红墙，无论何时向东看，都能看到红色的墙，然后想起那首《让我们荡起双桨》。每次想到这首歌，我就会有点小欢喜和骄傲：现在我就在歌声中的景物里，我成了这首歌里的一个音符。

◎ 望北海红墙

3. 北海公园的夜景

北海公园的夜景，又别有一番情趣。天光暗淡，夜色初生，游船都归岸了，水面一片宁静。公园里游人越来越少，周围渐渐静了下来。长廊亮起了金灿灿的灯，像一条金色的丝带嵌在水边，与白塔相映成趣。北海的夜景也是这么美。是的，皇家园林的夜怎能逊色？金色的长廊里灯火通明，宫宴正式开始，众人欢声笑语，畅饮琼浆。只是遗憾离得远，那里的"歌舞升平"被周围笼罩的夜色隔在了岸那边，水面上只留下了安静的夜。

◎ 北海夜景

4. 北海北岸边的垂柳

无论什么季节来北海，都能看到微风拂过的柳条，我才注意到北海岸边有这么多棵柳树。柳树吐绿是春天的标志，人们只要看到柳树发芽，就知道春天来了，所以有"报信的柳树"的说法。这不仅仅是民间经验，在物候学上，确以花木抽青为春天到来的重要标志。唐李益《临滹沱见蕃使列名》诗："漠南春色到滹沱，碧柳青青塞马多。"唐刘禹锡《竹枝词九首》曰："江上朱楼新雨晴，瀼西春水縠文生。桥东桥西好杨柳，人来人去唱歌行。"足见从漠南到蜀东，人人皆以绿柳为春天的标志。[1]历史上王维、白居易、杜牧、李商隐等多位诗人都写过柳树。当代作家宗璞先生《柳信》一文中写道："路边的杨柳，不知不觉间已绿了起来，绿得这样浅，这样轻，远望去迷迷蒙蒙，像是一片轻盈的、明亮的雾。"足见柳树备受文人墨客的偏好。

---

[1] 竺可桢、宛敏渭：《物候学》，湖南教育出版社2007年版。

第三节　静心斋

1. 精巧的园中之园

进公园北门沿北海北岸向西走不远，右手边豁然开朗，出现一进院落，大门坐北朝南，正是静心斋。说实在的，小时候我对静心斋印象并不深，成年之后在我花时间好好观赏、游览后，才领略到它的美。静心斋原名镜清斋，建成于清乾隆二十三年（1758年）。园内太湖石堆叠自然与周围亭台水榭相互呼应，有江南园林小巧玲珑的情趣。静心斋是北海公园精巧的园中之园，也被称为"乾隆小花园"。

当我走进静心斋，第一

◎ 静心斋

感觉是眼睛不够用，镜头不知道该对准哪儿。"目不暇接"这个成语用在这里最合适不过了。园区虽然小巧，可景致特别多，可以说是一步一景，而且并不因为小而显得局促，反而建筑排列得既紧凑又随性，植物在其中恰到好处地点缀着生机。我非常喜欢这个精巧的园子。谁说非要去江南才能看到苏式的园林？静心斋就是我们在北方、在北京领略江南风情的地方。

一进静心斋，正面是主殿，上挂"镜清斋"的匾额。殿前有一片小湖，我曾在湖里看到一两朵漂亮的睡莲。莲花与古建相映成趣，顿时让这里增添了灵气和意境。湖里有一小块假山石，夏天时有一只小乌龟从水里爬到石头上晒太阳。它的那份惬意与园子里整体的肃静和闲适相得益彰。正午时分，强烈的阳光照在殿前的湖水里，又反射到匾额上，让我恍惚中好像来到了《西游记》剧中的某一处仙境。这里的确神奇，美得那么有韵味。

2. 抱素书屋院落内外

沿着游廊一直向东，穿过一道小门，这里有一个相对独立的小院落，坐落着抱素书屋和韵琴斋。抱素书屋前有一棵丁香，早春时细细的棕色枝干泛出几片油绿的嫩叶，过一段时间后，这里就变成了淡紫色的"瀑布"。夏天时碧绿的叶子挂在枝头上，颇有生气。秋天时叶子由绿变黄，正是天高云淡之时，黑匾金字后蓝蓝的天空是那么的幽远。冬天时丁香叶子全无，但棕色的枝干在寒风里仍然精神抖擞，午后的阳光温煦地照在这里，一派祥和。

我喜欢来静心斋，因为这里建筑精巧、景色雅致，每一间房屋都有别致、雅气的名字。我想，生活在这里的古人，在抱素书屋阅读，累了就可以抬眼望望门前的池塘，还可以到韵琴斋抚琴，真惬意。这个院落北面有一座小建筑——焙茶坞，可以在这里煮一壶香茶，细品茶香，静坐半日时光。古人常常寄情山水，在林间饮酒、下棋、吟诗作画。他们精神中的恬淡、闲

◎ 抱素书屋 秋

适、清丽、高雅，以及"以人为本"这种中国文化最根本的精神[1]，让我羡慕不已。

出了抱素书屋院落，沿焙茶坞门外的长廊而上是罨画轩，这里是园子的一个高点，站在这儿正好可以眺望全园景色。罨画轩东面是刚才一路走上来的游廊，对面是焙茶坞，向西看还有一座精美的汉白玉石拱桥，有"小玉带桥"之称。小桥很受欢迎，是游人拍照的取景地之一。夏天爬山虎碧绿的叶子将桥栏覆盖，化身绿色的小石桥。到了秋天火红的叶片挂在桥上，就变成红色的小石桥。冬天下雪的时候，冰面上覆盖上一层白雪，桥上也铺着一层白色的雪，又变成了雪白的小石桥。

[1] 楼宇烈：《中国文化的根本精神》，中华书局2016年版。

3. 沁泉廊

从罨画轩下来往西，就到了沁泉廊，这里是园子的中心。每次来我一定要在廊下稍坐片刻。夏天时观赏池塘里红色、金色的锦鲤，冬天时看看厚厚的冰层，冰块好像把春、夏、秋三季的活力都凝固起来，等着来年焕发新的生机。

◎ 沁泉廊　夏

坐在沁泉廊里抬眼看向北面的长廊，很难想象，一墙之隔的游廊以外，是车水马龙、游人如织的平安大街，那是一派现代化大都市繁忙的景象。而墙内却这样安静、古朴。在这里，时光好像流淌得更慢一些。从沁泉廊沿水系上的小路向西，小山上的枕峦亭是园中的另一个高点。这个高点后面还有一座叠翠楼。叠翠楼其实是整个静心斋的最高点，比罨画轩、枕峦亭都要高，它是一处观景平台，只是不对游人开放。走过枕峦亭和长廊，西边还有一处比抱素书屋更宽阔的院落。这里假山堆叠，错落有致，还有穿过湖面的小石板路。出了小院就回到了静心斋的正殿前。

◎ 西边小院 夏

◎ 西边小院 秋

　　从静心斋出来，暂别了江南风情的院落，又看到了北海公园宽阔的水面和白塔的倒影。这一切提醒着你，正身处北京皇家园林中。而北京每座皇家园林都有众多景致等着我们去探索与发现。

第四节　仿膳饭庄及附近的景观

1. 西天梵境

从静心斋到仿膳饭庄并不远，不过之间还有景点，首先是西天梵境。西天梵境原来是明朝时期修建的一座喇嘛庙，在清朝时期重新修缮。中华人民共和国成立以后，对西天梵境进行了多次修缮。西天梵境又称大西天，一进院落坐北朝南的是天王殿，二进院落为大慈真如宝殿。我们看到的大慈真如宝殿外观颜色是深棕色的，并不是多数古代建筑的中国红，显得似乎有些黯淡，好像不如红漆的大殿壮丽。其实，大慈真如宝殿是中国现存明代建筑中的精品，整体建筑的木结构全部采用金丝楠木，因为年代久远，外观才呈现出现在的模样，这恰恰是历史厚重感的显现。

在西天梵境院落前有一座高大的四柱七楼琉璃牌楼，正面石匾书"华藏界"，背面书"须弥春"。很多游客都会在高大的琉璃牌楼前驻足拍照。这里也成为北海公园的标志之一。

◎ 西天梵境内的大慈真如宝殿

◎ 琉璃牌楼

2. 九龙壁

从西天梵境向北走不远处，有一个著名的景点九龙壁。细看九龙壁，壁上9条蟠龙雕刻得活灵活现，有深蓝色、绛紫色等多个颜色。我最初只是短暂观看、拍照后离去，并不了解它的深意和文化内涵。后来，我查阅相关资料才了解到，九龙壁之所以成为一个重要的景点，是因为九龙壁代表了一个时期的艺术特点和技艺成就。明清时期的琉璃瓦生产，从数量和质量都超过过去任何朝代。现存山西大同九龙壁、北京故宫博物院九龙壁、北海公园九龙壁都是具有

◎ 北海公园九龙壁

高度技术水平和艺术水平的范例。[1]

北海公园的九龙壁是我国现存3座九龙壁中最有特色的一座，每条龙形态各异，雕刻精巧。此九龙壁建于清乾隆二十一年（1756年）。壁高5.96米，厚1.6米，长25.52米。两面由琉璃砖烧制的红、黄、蓝、白、青、绿、紫七色蟠龙18条。九龙壁并非只在壁的两面各有9条龙，在壁的正脊、垂脊、筒瓦等地方都雕刻有龙，据说共有600多条龙。下次您来北海公园，数数有多少条龙吧。

3. 仿膳饭庄

从静心斋出来，经过西天梵境再向西，就来到了仿膳饭庄。在过去，为皇帝提供的饮食称为御膳。清朝灭亡后，皇宫里的御厨流落到了民间开起了饭馆。因为他们所做的菜式仿照的是原来清宫的御膳，因此称为"仿膳"。据传仿膳饭庄最早的创办人姓赵，原是清宫的一位厨官。1925年，他邀请了几位曾经做过清宫御厨的朋友合作，开了"仿膳"。最初为茶社，主要经营宫廷糕点小吃等，后来改为饭庄，专做宫廷菜，成为有名的餐馆。

中华人民共和国成立后，仿膳饭庄最早就在北海公园的北岸，20世纪50年代迁到了琼华岛上的漪澜堂内，成为公园内特殊的一景。我去过一次开在漪澜堂内的仿膳饭庄，那时我年龄还小，依稀记得里面装修得金碧辉煌，餐具精美讲究，漂亮的小碗里盛着汤羹，碗又放在精致的小盘子里。点心很精致，小窝头、豌豆黄……一个个没比一根手指头大多少。2016年，仿膳饭庄又搬回了北海北岸。随即北海公园对漪澜堂进行了修整并作为展室对公众开放。2018年作为北京市中轴线申遗综合整治重点任务，北海公园启动了恢复漪澜堂建筑群原貌修缮工程，2022年底漪澜堂修缮工作完成，再次对游人开放。

[1]　刘敦桢：《中国古代建筑史》，中国建筑工业出版社2018年版。

◎ 仿膳饭庄门口

4. 美丽的"活化石"——银杏

现在仿膳饭庄门口有几株高大的银杏树，每年都会吸引众多游客驻足、拍照。春天时银杏叶刚长出，还不是扇子的形状，而是几片叶子卷曲在一起成为一小簇小碗，之后小碗慢慢打开，渐渐长成一个个小扇子。刚长成为小扇子的叶片是嫩绿色的，坠在枝头看上去很羞涩，显得娇嫩柔弱。这时候的小银杏叶就像一位少女，而粗壮的树干是哺育它的父母。春天的银杏叶虽然娇小，生命的活力却很大，到盛夏时节它们已经长成了一片片扇子形状的叶子，绿绿的一片，遮天蔽日。秋天是属于这里的，游人最多，银杏一树金黄，充分享受着一年只有一次的绚烂与华丽。每片叶子都是金黄色的，没有一点杂色，像颗颗小元宝一样，吸引着过往的游客拍照，一阵大风吹过地上就铺上了一层金色的地毯。总有游人要捡一两片黄叶做纪念，还有人要捧上一把银杏叶在镜头前散开

拍照，人们玩得不亦乐乎。冬天一切归于安静平淡，银杏的枝条正为来年孕育新的希望做准备。

观赏了这里银杏四季的美丽，让我对它有了特殊的好感和好奇，想去更多了解它，这才知道了银杏的不一般。银杏最早出现于3亿多年前的石炭纪，曾广泛分布于北半球的欧洲、亚洲、北美洲，白垩纪晚期开始衰退。后来在第四纪冰川运动时期，地球突然变冷，很多植物濒于绝种，而银杏是第四纪冰川运动后遗留下来的裸子植物中最古老的孑遗植物，也是我国特有的孑遗植物。现存活在世的古银杏稀少而分散，上百岁的老树已不多见，所以银杏又有"活化石"的美称。银杏树的果实俗称白果，因此银杏又名白果树，具有观赏、经济和药用价值。

第五节　阐福寺及附近的景观

1. 快雪堂书法博物馆

告别了仿膳饭庄和它门前的银杏树，接着向西走，首先来到快雪堂书法博物馆。院内还有澄观堂、浴兰轩两座大殿，四周以游廊连接，是个有趣味又雅致的小院子。游廊内嵌有多位书法家的墨迹石刻作品，以王羲之《快雪时晴帖》和乾隆皇帝的《快雪堂记》最有名。我小时候这里还没有开放，我甚至都不知道在北海北岸还有这么一处院落。经过修缮快雪堂现已对外开放，下次您到北海北岸可以进去参观里面的书法作品。

2. 铁影壁

从快雪堂出来继续向西走，已经看到了阐福寺的一角，然而，在正式说阐福寺之前，先要说说北海北岸一处特别的历史遗迹。北京是一座历史文化古都，更是一座神奇的城市。它藏龙卧虎，一个地名就有历史渊源，一道菜就有典故来历，一条小胡同里可能就藏着大家。更别说北京的名胜，眼前的皇家园林，知名的景点众多，不那么知名的遗迹更多，一转弯、一回头，嗬！这就藏着故事呢！不信您看，路北侧掩映在翠柏中，有一座不那么显眼，个头不太大的棕褐色影壁，上面还雕着花纹，这正是铁影壁。

别小看铁影壁，它是从元朝时期留传下来的老物件儿，而且，它材质很特殊，是用火山岩雕刻而成的，所以颜色是棕褐色的。因为外观看着像铁块儿，被大家称为"铁影壁"。铁影壁高约1.8米，长约3.5米，上宽下窄，略呈扇形，壁两面雕刻有云纹异兽，十分精美。铁影壁在几棵柏树中间，四季变化并不明显，甚至我之前有几次来，都没有发现它的存在。这座棕褐色铁影壁有着独特的传奇故事。

要说铁影壁，先得简单说说影壁。影壁在现代建筑中已不多见。按规制建造的老北京四合院里一定会有影壁。影壁并不是北方院落独有的，南方也有，在南方被称为"照壁"。影壁也不是近代建筑才有，古代即有，称为"萧墙"，后有"祸起萧墙"这一成语。影壁最大的功能就是遮挡外人的视线，即使院门敞开，外人也看不到宅内。人们在进出宅门时，迎面看到的便是建造考究、雕饰精美的墙面，既烘托气氛，又增加了住宅气势。北京四合院中最常见的影壁是一面独立的墙体，叫"独立影壁"。独立影壁的下部常常设须弥座，顶部带屋顶，墙体的中部叫作"影壁心"。影壁心花纹图案有多种，一般是凤凰、荷叶、莲花、竹子、梅花、松鹤等吉祥图案。

铁影壁本来是寺庙前的影壁，它在现在的德胜门一带安然度过了几百个春秋。清代结束后，铁影壁被搬到现在的北海公园内，这之中可是经历了不小的波折。抗日战争期间，北平沦陷，日本侵略者对中国的文物古迹垂涎已久，妄图盗走铁影壁。当时护国德胜庵的住持拼死护住铁影壁。日本侵略者阴谋虽未得逞，但贼心不死，在"盗不走就毁坏"的强盗逻辑下，以弄清铁影壁的化学成分，需要取些样品拿去化验为借口，用铁锤砸掉了铁影壁正脊上的两兽头，同时也砸坏了四垂脊，导致铁影壁顶部残缺不全。[1]

1947年，铁影壁被移到北海公园现位置。当年铁影壁从护国德胜庵被迁至北海时，铁影壁的底座并没有一起跟随搬迁。时隔39年后，直至1986年，北海公园的工作人员才又重新找回原来的底座，使底座与壁身合为一处，成为现如今北海公园的一处重要的历史遗迹。前两年我游览到铁影壁时，看到它安然低调地立于北海北岸，后来再去，发现铁影壁前安装了护栏，上面还搭有天棚。铁影壁被更好地保护起来。北京众多历史遗迹的修缮和保护工作就是这样不断发展提升着。

◎ 被保护起来的铁影壁

[1] 董宝光：《京华忆往》，北京出版社2009年版。

3. 阐福寺

阐福寺是我意外发现的美丽景点。其实小时候奶奶带我来过阐福寺，只是我对它的印象不深。我们现在看到的阐福寺是后期修缮过的。

阐福寺原为明代太素殿旧址，清乾隆十一年（1746年），乾隆皇帝谕旨改建为佛殿，是仿照河北正定隆兴寺的规制兴建的。主殿为一座三重檐的大殿，殿内供奉千手千眼佛，只可惜这些景观我们只能从文字上了解，1919年，大佛殿等众多建筑被大火焚毁，后来一直没有原址复建。20世纪70年代起，这里作为北海经济植物园，此后，每年举办菊花、盆景等展览。近几年，北海公园大力推进大佛殿景区的腾退和综合整治工作。2019年大佛殿遗址重新开放之际，举办了一个特别的展览"福田花雨"。我兴致勃勃地到新区域参观、拍照、学习。阐福寺对公众开放的面积增加，展览内容更加丰富。几天后，我发现朋友圈里也有朋友发现了这个新去处。几代人常去的老地方，总能焕发新的活力，带给我们新的惊喜、新的知识，真好！

◎ 阐福寺

　　我喜欢去阐福寺，除了喜欢寺庙本身的历史和文化特色，还喜欢欣赏这里的环境。阐福寺东有几棵高大的悬铃木，静静地舒展枝丫，能有三四层楼高，枝枝叶叶伸展出去，能有五六米宽。西边还有一棵挺拔的银杏树。这里一年四季的景致都那么吸引人。悬铃木上常年挂着小球，那应该是它的果实。悬铃木发芽晚，每年4月时，新生的小绿球和前一年的大个黄球交错地挂着，风一吹，晃晃悠悠地，自在有活力。春天悬铃木和银杏在阐福寺的红墙黄瓦前旺盛地生长。寺庙是庄严的，让人肃然起敬。而充满生命力的树木，让这里显得活泼了许多。树木新绿的叶子好像是有着使不完力气的少年，正努力地去探索世界的新奇；掩映在一片绿色中的古老建筑，安详地矗立在那里，像母亲一样关切着眼前的一切：生长的树木，偶尔飞过的喜鹊，还有来来往往的游人。

　　到了夏天，悬铃木的小巴掌变成了大巴掌，树冠显得最开阔。浓密的树荫为人们带来一丝清凉。夏日炎炎，可挡不住游人的兴致。每年从6月下旬一直到8月底，来阐福寺欣赏荷花的游人络绎不绝。荷花开得正好。有的含苞待放，有的半遮面旁，有的正用尽全力向世人展示着美好。有一年我还在这里青花瓷的花盆里看到了紫色的睡莲。紫色的花瓣漂浮在水面，旁边还有片片墨绿色的莲叶。水面映着阳光在睡莲前好像出现了一段彩虹，可微微移动脚步，那彩虹就不见了。

　　秋天的时候，悬铃木的叶片是难得一见的三色，有绿色、黄色和深棕色。还有的正处在变色期：大大的叶片正由绿变黄，叶片边已经黄了，而叶纹脉络还是绿色的。多色的叶片映衬在阐福寺庄严的红墙黄瓦中，让这里变得沉静闲适了很多。阐福寺的秋天有一段时间也是热闹的，因为会举办菊花展。各色菊花争奇斗艳，一派欣欣向荣的景象。

　　冬天的阐福寺显得些许严肃，也变得冷清。寺前的悬铃木高大依然，只是树叶收敛了许多。地上落叶斑斑。树枝干枯地伸展着，只零星有些焦黄色、深

◎ 阐福寺菊花展的菊花

棕色的叶子和些许黄球缀在枝头。我小时候特别喜欢踢落在地上的黄色小球。小球虽然轻，可它们还是能滚挺远。我的小狗追着黄色小球跑，追上了闻一闻，没什么特殊气味就走开了。我喜欢把小球踩扁，观察里面一簇簇的"金丝线"，摸起来像丝绒一样，毛茸茸的。

4. 五龙亭

在阐福寺的正南，临水有五方亭，名为五龙亭。阐福寺在明朝时为太素殿旧址，五龙亭最早为太素殿的临水建筑。最初修建时五龙亭四周建有门窗，门窗一直保留到民国时期。民国时这里还作为茶社，供游人休息、品茶。五龙亭的门窗不知道从什么时候起没有了，一直到现在保持着没有门窗的格局。小

时候奶奶常常带着我从北海南岸位于琼华岛漪澜堂前的码头坐船，到北岸五龙亭前码头下船。儿时觉得这些亭子布局错落有致，之间有石桥蜿蜒相连，在里面穿来跑去的很好玩。5座亭子中间的亭子最大，名为龙泽亭，东边两座亭子名为"澄祥""滋香"，西边两亭是"湧瑞""浮翠"，这5座亭子合称五龙亭。这五亭的名字是明朝修建时起的，一直沿用至今。五亭都是绿琉璃瓦顶，黄瓦剪边，在龙泽、滋香、浮翠三亭中间还各有一座石桥，通向北岸。据说当年，龙泽亭是专供帝后钓鱼、赏月的地方，其余四亭是文武官员陪同的地方。每次我来到五龙亭，一定会在亭中望望南岸的白塔，走走蜿蜒的小石桥，摸摸桥的栏杆。站在亭中向北能看到阐福寺，站到阐福寺向南又会望见五龙亭。春天柳树的嫩叶在亭前飘荡，春天充满着生机和活力。下雪时的五龙亭也不呆板，反而更显俏皮可爱。

◎ 在五龙亭望白塔

　　说到五龙亭，正好简单说说中国古代建筑小品。古代园林是中国传统造园思想、观念和知识的物质载体，体现着中国古人对理想人居环境的认识和追求，蕴含着丰富的哲学、美学、环境学、景观学、工程学、历史学等知识。这之中以亭、台、楼、阁、轩、榭、廊、舫最为常见。亭，简单说是几根柱子顶个盖儿。亭子作为一种中国传统建筑，相传起源于周代，最初建在路旁，供行人休息、乘凉或观景。亭一般为敞开式结构，有五角、六角、八角、圆形等多种形状。台是高出地面，露天的开放性建筑，可以用来瞭望、观景。楼、阁是两层及以上的建筑，一般用来远眺、休息、藏书和供佛。轩在古代最早是一种有帷幕的车，在建筑中轩与亭相似，是可供游人休息、纳凉、观景的建筑，轩一般有窗。榭一般是建在高台或水边的建筑物，北海的濠濮间就是榭，后文会做详细介绍。廊，是指屋檐下的过道或独立有顶的通道，根据外观特点和功能可分为直廊、环水长廊、爬山廊等。北海公园琼华岛上有长廊，颐和园的长廊是最长的。最后说说舫，舫是仿照船的造型在园林的水面上建造起来的一种船形建筑物。舫大多三面临水，一面与陆地相连。最有名的当数颐和园昆明湖上的石舫。

第六节　小西天

1. 小西天建筑群

从阐福寺再向西，就到了北海公园的最西端，这里的建筑群被称为小西天。小西天建成于清乾隆三十五年（1770年），是乾隆皇帝为母亲祝寿修建的。主建筑是极乐世界殿，总面积达1200平方米，是中国最大的方亭式宫殿建筑。殿内有罗汉佛像，这里是宗教建筑，显得庄严肃穆。可殿外就是另外一番景象，主殿的东西南北还各有一座精美的琉璃牌楼，主殿四周有水环绕，之间有小桥连通，流水给建筑增添了几分活泼与乐趣。我常常靠在小西天石桥的栏杆上，低头看游弋的小金鱼，还有浮在片片绿叶上的睡莲。

我一般从东侧门进入小西天，看建筑，观水面的小景，而后转到南门，走上石拱桥，回望雄伟的大殿。桥下有一湾溪水，岸边有丁香、玉兰、海棠各种植物。春天溪水里漂着海棠粉色的花瓣，夏天水中荷花娇媚，秋天水中与河岸一片金黄，冬天小溪便银装素裹。一年四季在这里有着独特的景致。

◎ 春天小西天院内的景色

◎ 夏日里的石桥

2019年秋天再去小西天，我发现主殿里还增加了石雕展。原来，殿内只有佛像和罗汉，现在辟出新的区域，增加了新的展览和知识介绍。近期，小西天内部区域没有开放。公园里其他可以游览的面积在逐步增加。

◎ 小西天内石雕展

2. 小西天的海棠

4月，来小西天看海棠吧！我愣在那里，不知道镜头该对准谁。粉如霞、白如雪的海棠开得正盛，五六朵组成一个小花束，十几朵组成一个大花束，就像新娘手里的捧花。繁花密布的枝干无限向上伸展，像是在和亭子檐角上的脊兽打招呼。一时间这里好不热闹。

待我再定睛细观这一树海棠，却只有几只蜜蜂嘤嘤嗡嗡。一切又安静下来。一阵风吹过，粉色的心形花瓣随风飘落，落到了像镜子一样的水面上。海棠是绚烂的，建筑是庄重的。海棠或开在檐角旁，或开在大红色的镂花木窗前。花的动感活力与建筑的稳健大气，让现代青春与传统古朴，呈现在一个画面中。这现代与古老的组合没有一丝跳脱或唐突。这不是随意的配合，而是恰到好处的景致。花好似开口言说，古建好似也活起来了。

这株海棠是西府海棠。花开前是一个个粉红色的小花蕾，花开后粉色逐渐变浅。人在花下，不时有花瓣随风飘落，如沐花雨。海棠常见的有4个品种——西府海棠、垂丝海棠、贴梗海棠和木瓜海棠，被称为"海棠四品"。历代文人多有脍炙人口的诗句赞美海棠，宋刘子翚诗云"幽姿淑态弄春晴，梅借风流柳借轻……几经夜雨香犹在，染尽胭脂画不成"，苏轼也有名句"只恐夜深花睡去，故烧高烛照红妆"。想体会古人的佳句意境，请在4月来小西天看海棠吧！

◎ 小西天的海棠

　　冬天，这里驻足观景的人很少。只有我，呆呆地望着海棠，浮想联翩。因为我观看了它四季的模样，才能更全面地体会它的美。夏天时，海棠叶子碧绿，果实已悄悄孕育；秋天，海棠果实累累，叶子却已泛黄；冬天，干枯的海棠在风雪中傲然站立。如果不是看到过它春天的美丽，怎么也想象不出，仅仅几个月后，干枝上又能泛出新绿，海棠又将盛放。大自然就是这么神奇，前几日还颇为寒冷，可只要立春，一定会慢慢变暖，美景就指日可待了。这不仅仅是公园的景色和植物的变化，更是生命变化的节律。春天的海棠毫无保留地开放，不惧花落花败，也不惋惜飘落一地的花瓣。春生，夏长，秋收，冬藏，年复一年，每个阶段都在为下一个阶段做准备，周而复始，这是自然的规律。我想，这也是我们人类要向大自然学习的地方吧。

第七节 先蚕坛及附近的景观

1. 北海公园的绿树红墙

进北海公园的北门后沿岸向西走，一直到小西天，算是把北岸的景点大致游览完了。如果进北门向南走，路两旁有高大的杨树，这里就是歌曲《让我们荡起双桨》中描绘"绿树红墙"的那部分景色。杨树枝干粗壮，树枝笔直，一律向上。抬眼望，根本看不到树尖儿。冬天时能望到树梢上的天空，夏天抬头看见的是浓密的绿叶。什么是"参天大树"？我想就是这一棵棵高大的杨树吧。我享受着绿荫带来的清凉，想起了中学时学习过茅盾先生的《白杨礼赞》。杨树的枝干表皮是棕褐色的，小时候还见过青皮的杨树。青皮杨树的树干上有一个个像眼睛一样的纹路。无论杨树树皮是什么颜色，春天它们都会发芽，然后长出小朋友们嘴里喊的"毛毛虫"。小朋友们会拿杨树的花当作"毛毛虫"玩。其实，杨树花还是一种中药材。我的一位医生朋友说，她小时候和同学还要捡院子里杨树的"毛毛虫"交到学校的医务室。

◎ 北海红墙绿树的春天　　◎ 北海红墙绿树的秋天

　　春天，杨树发芽较晚。等柳树叶长了有两三厘米，浅粉色的桃花瓣已片片飘落，大约4月中旬才能看到杨树小小的心形叶片挂在枝头上。它们显得那样娇嫩与柔弱。夏天，小叶片已经成熟，能为人们遮挡骄阳。一阵微风吹过，树叶沙沙作响，夏日的暑热和烦躁，便能在杨树下一扫而空。

◎ 雪中之乐

　　秋天，杨树叶由绿转黄。谁说秋天只有赏银杏的黄叶？杨树的叶片也正变成黄色，金灿灿的，而且是漂亮的心形呢！冬天，杨树依然稳稳地矗立在这里，笔直的枝干任凭北风呼啸。要是赶上下雪，不仅雪景好看，还成了好多游人发挥创造性的乐园。

东侧红墙上有一排宣传栏，虽不显眼，但也是很有历史的。我小的时候这排宣传栏就有了。我又特意和老人们求证。他们说宣传栏在20世纪50年代就已经有了。宣传栏里面的内容定期有专人负责更换，现在的内容主要有当天的报纸，还有科普知识介绍等。

绿树红墙西侧不到10米就是北海的水面，这里是眺望白塔的好地方，也是一年四季观鱼看鸭的好去处。春天时，原来冰封的湖面终于开了，碧波荡漾，生机勃勃。夏天来这里观鱼看鸭心情十分舒畅，心里凉快了不少。只要在栏杆前站上一站，好似暑热全能退去。我想，这就是小时候奶奶常跟我说的"心静自然凉"吧。秋天渐渐凉了，这时天格外蓝，太阳有些高远，阳光洒下来，眼前的一切显得十分明朗。柳树绿叶中已经夹杂着黄色，一阵风吹过，不禁让人打个寒战。水虽然凉了，但鱼儿们不在乎，仍然畅快地游动着。只有在冬天的时候看不到鱼，水面结冰了。不过有时候还可以看到鸭子在冰上走，有的单腿站在冰上，有的干脆趴在冰面上。我一直好奇它们的脚不怕冷吗？原来鸭子不怕冷的原因之一是它们的尾部有一对尾脂腺，鸭子常常用嘴啄理尾羽，然后把油脂往周身的羽毛上擦，这样就能让它们厚厚的羽毛保持不透水。而且，鸭子的体温较高，代谢水平也高，这样就帮助它们产生了大量的体热，不那么怕冷了。

我正想着，有的鸭子起身下水了，有的鸭子从附近飞来，扇动翅膀，直接落到水面上，慢慢收拢翅膀，在水上划出一道弧线，引得游客们争相举起相机。秋冬寒冷时节，这些生灵给这里增添了很多活力和乐趣。

2. 先蚕坛

走到绿树红墙的最南端时，先不要继续往南走，回一下头，这里还有一个著名的景点先蚕坛。先蚕坛是北京九坛[1]之一，是现存较完整的一处皇室祭祀蚕神的地方。它位于北海东北角，总占地面积1.7万平方米。明代时这里是"雷霆洪应殿"，清乾隆七年（1742年），在这里建先蚕坛，是后妃们祭祀蚕神的地方。

我小时候对这里完全没有印象，不知道这里有个先蚕坛，更不知道是和蚕神有关的地方。大家对先蚕坛印象不深有一个原因是先蚕坛至今并未对游人开放。无论什么时候来，朱红色的大门都紧闭。这座古朴的建筑静卧在公园一角，掩映在一片银杏林的后面，平时没有游人出入，多是老人带着孙辈在此游玩休息。其实，这里是往返公园北门到东门、南门步行的必经之路。秋天，满树金黄的银杏会吸引游客驻足观赏一番。大家赏玩银杏，可以顺便看看这坛庙，抑或扒着门缝往里望望，猜测这坛的功用和建筑规制，然后继续北海之旅。

◎ 先蚕坛的秋天

---

[1] 北京"九坛"指社稷坛、祈谷坛、圜丘坛、方泽坛、朝日坛、夕月坛、先农神坛、太岁坛、先蚕坛。

第八节　濠濮间及附近的景观

1. 濠濮间

我曾追随大部分游人，经过先蚕坛一路向南，去往北海的东门，再向南观看白塔和琼华岛上的长廊等景点。小时候其实很少在北海南岸和北岸间步行，一来是我岁数小，走不了那么远；二来是奶奶腿脚也不好，不喜欢走远路。我们一般走水路，奶奶喜欢带着我坐船，往返于北海南岸的漪澜堂和北岸的五龙亭之间，所以我竟不知在北海公园的北门和东门之间居然还有这么美好的景点。一日我告别先蚕坛，继续南行，突然发现路东有一石碑，小路两旁假山堆叠自然，之间好似有个入口，蜿蜒向前。我探奇一般沿路往里走，没多远，竟然豁然开朗，里面还有一小湖，顺着湖上的小桥走过，就到了一座亭子里。这里正是一片我之前从没到过的地方——濠濮间。

濠濮间位于北海公园内东岸小土山北端，是北海的园中园之一，幽静别致，很有特色。濠濮间建于清乾隆二十二年（1757年），属于水榭建筑，范围

◎ 冬天的濠濮间

包括爬山游廊、小湖、曲桥及石坊等。这里是一处独立的院落，四周由小山环抱，山间拥着小湖，好像只有北面不经意地留下一道豁口，供人进出。春天暖意融融，湖边一簇簇迎春花开得正盛，鹅黄点点地点缀在绿叶中，为人们报春。这里这么幽静，使我恍然忘了自己在哪里，好像身处江南水乡，和花花草草一起享受温煦的阳光。夏天池中有睡莲，秋天湖水很静，冬天湖面就成了一块玉石，温润洁白。沿湖上蜿蜒的小桥走到尽头，是一座小亭子，上书"濠濮间"3个大字。小亭子背靠小山，长廊依山而建。这里布局自然，好像刚好有一座小山，恰好依山势有这么一段廊，廊的尽头就是垂下的亭子，似乎一切都是大自然的神工，与人无关。

其实，这个小园子的来历，据说和庄子的一则寓言有关。《庄子·秋水》中记载，庄子与惠施游于濠梁之上，庄子说："鱼儿出来了，鱼儿真快乐。"

惠施问："你不是鱼，怎么知鱼之乐？"庄子反驳说："你不是我，怎知我不知鱼之乐？"古代的能工巧匠就根据这则寓言，修成有水有桥有亭的小园子。他们的想象力和造园的功夫真不一般，人工的修造能和大自然相得益彰，结合得如此完美。园内小桥离水面很近，可以供帝后观鱼。亭中凉风习习，眼前湖景优美，真是亲近自然的好时光。

濠濮间湖里有鱼，但是并不多，无法与公园北门的鱼群相比。这里的小湖、小桥、小亭无不透着小巧、雅致，就像一处世外桃源吸引着今人来探索游览。亭子里很凉快。说来也奇怪，即使是夏天，烈日炎炎，酷暑难耐，进了亭子马上感到一丝清凉。沿廊依山而上，随廊而行就到了小山顶，土山不高，虽没有"会当凌绝顶"的感觉，但登高远望还是不错的。从山顶或是沿原路返回，或是翻过小山，就回到了主路上。回到主路上，游客又多了起来，我又回

◎ 濠濮间的亭与桥

到了现实的世界中，刚才的静谧就留在了那里。

2. 玉簪花

在濠濮间的小石桥旁，开着一朵朵洁白的花。我凑上前去闻，清香四溢。原来是玉簪花。玉簪花，多年生草本植物，属百合科，花洁白如玉，因花苞似古时女人佩戴的簪子而得名，别名白鹤花。玉簪花在我国种植面积广，种植历史也比较长，为我国古典庭园造园艺术所种观赏花卉之一。黄庭坚曾为其作诗："宴罢瑶池阿母家，嫩琼飞上紫云车。玉簪堕地无人拾，化作东南第一花。"

说起来，我对玉簪花有着独特的感情，因为我奶奶很喜欢，觉得它素雅洁白又清香。只可惜小时候家里地方小，种植技术也比较欠缺，所以我们从来没养过这花。有一次，奶奶到我姥姥家串门，发现一进院子的南墙根花池子里有几株玉簪花，很是喜欢。后来，听说奶奶和姥姥还商量着移栽的事宜，可是终究没能成功。

◎ 玉簪花

小石桥旁的这一片玉簪花，美丽又清爽。花苞饱满挺立，比我小时候见过的都大，很是惹人喜爱。春、秋、冬三个季节其实不容易关注到它。只有夏天才是玉簪花盛开的时节。这时玉簪花毫不扭捏，竟相开放，引来游人驻足拍照。秋天，花瓣抽干低垂，慢慢全都掉落，绿叶中夹杂着黄叶连同叶茎全垂在地上，一派凋落的景象，让人心中不免生出些许遗憾和悲伤。几个月前还那么繁盛，现在却没了生气。过去，我会有伤怀悲秋的感叹，但现在不会了。是什么时候，就享受什么时候的景观和乐趣，因为四季就是这样周而复始，转眼过了冬天，一切又都恢复了生机。

3. 画舫斋

在濠濮间北约50米是画舫斋，这里是2019年重新对外开放的。画舫斋建于清乾隆二十二年（1757年），是根据北宋欧阳修的《画舫斋记》里面描写建造的院落而建造。这里有点像静心斋的格局，有亭，有游廊，有湖景，只是这里没有山路，比静心斋平坦。清朝时期画舫斋有看戏宴饮等功能。1916年，黎元洪政府总统府秘书长饶汉祥特选在这里短暂居住。1925年北海公园开放以后，

◎ 画舫斋

这里是公园董事会的会址。1926年的七夕节，徐志摩和陆小曼在画舫斋举办婚礼。这场婚礼的主持人是胡适先生，证婚人是梁启超先生，婚礼现场云集了当时文化界很多名人。中华人民共和国成立后，画舫斋举办过多次书画展览。2019年画舫斋重新对外开放，让游客们多了一处参观景点。

2019年底我到北海，发现北岸的静心斋于11月也开始修缮。我们游览的公园、观赏的历史遗迹，需要定时对其进行日常保养和修缮，只有这样，文化遗产才能保护得更好，我们以及我们的后代才能看到更多的古迹。

第九节　北海白塔下

1. 去往北海东门

　　告别了濠濮间，一直沿北海的东岸向南走，4月、5月有大片的牡丹，路上有两排高大的槐树。夏天再热，这里树荫浓密，还可以到岸边去望望白塔和长廊，塔已经越来越近、越来越大，湖边还常常有小憩的鸭子和鸳鸯。我们一路从北门经过北海的绿树红墙、先蚕坛、濠濮间继续向南，路上乐趣不少，东张西望很快就走到了北海公园东门。我喜欢站在陟山桥上向北海的各个方向远望。向西看，这里已经离白塔很近，这是还没有登上琼华岛时离北海白塔最近的地方，好像就站在了塔下，能看到洁白的塔身和塔顶。向南望，南门就在水面对岸，夏天在这里能居高临下地遥望片片荷塘，摇橹的小船就穿行在高高低低的荷花荡里，有点江南水乡的味道。冬天这里就是一个天然大冰场，大人和孩子们坐冰车，滑冰嬉戏的场景是典型的北国风光。再转过头看北面，能望到倚晴楼和它旁边那棵高大笔直的老松树，远处的水面更开阔，夏天时有很多游

◎ 桥上北望之一

◎ 桥上北望之二

船。站在这里四下张望，景色已经很迷人，我快步走下桥，投入到北海的秀丽风景中。

2.赏北海荷花

在荷花盛开的时节，一定要沿北海的东岸向南门走，这样可以近距离欣赏荷花。一路向南走的过程中，白塔的真容也一点点显露，从侧影变成了正观。春天时，水上有点平淡，岸上的垂柳正是最招人喜爱的时候。夏天，朵朵粉嫩的荷花越过碧绿硕大的荷叶，挣脱了叶子的保护，在层层叠叠像绿浪一样伸向远方的荷叶中亭亭玉立。空气中弥漫着甜甜的荷花味道。是的，是甜甜的香味。荷香不是清香的，也不是幽香的，它没有梅花香气那么浓郁，而是淡淡的甜，又没有牛奶糖那样甜得腻人。这偶尔飘来的清淡的甜香像是给从老远来看它的人最甜蜜的回馈。

想起朱自清先生的《荷塘月色》，对荷塘描写得颇为恰切：曲曲折折的荷塘上面，弥望的是田田的叶子。叶子出水很高，像亭亭的舞女的裙……荷花在蓝天、白云、白塔下争相绽放。荷花很娇媚，荷塘很恬静，本来已经是人间的美景，

◎ 北海的荷花

而这美景又在北海里，在白塔下，这就成了独一无二的古都风韵。荷花粉红的花瓣中间，有鹅黄色的花蕊，花蕊中簇拥着鹅黄色的小莲蓬。有时，真感叹大自然之瑰丽，它能把万物生得如此美丽，万物又都严格按照自己的生物特性，将美丽的形态传给一代代，每个都是标准的，都那么漂亮，又都是独特的。

我对荷花有着特殊的感情，一是因为我奶奶喜欢赏荷，小时候奶奶就常常带我到北海和其他公园看荷花，算是培养了我对荷花的感情和欣赏美好事物的情趣；二是因为"荷"与我姓氏同音，我的笔名、网名都与荷有关。荷花，属毛茛目睡莲科，我国早在周朝就有栽培记载。我国的荷花品种资源丰富，传统品种约达200个，还不断有新品种培育出来。荷花一直做观赏用，早在宋代，每到6月，民间便有到荷塘泛舟赏荷、消夏纳凉的习俗。有的地区还有放荷灯的活动，以千百盏荷灯沿河施放，随波逐流，星光闪闪，烛光点点。

我想，今人再描写荷花的美丽，即使文字再优美，也难拔得头筹，何况我们很多人写不出荷花的美感，很难用文字描绘出荷花的韵味。以我目前有限的了解来说，我想写荷花写得最好的，当数周敦颐先生。周先生是"北宋五子"之一，是宋朝儒家理学思想的开山鼻祖，知名的文学家、哲学家。他不仅精准地描写了荷花的形态，更写出了传世的荷花精神，这种精神正是中国人追求的精神。上学时，我们都学过周敦颐先生的《爱莲说》，当年更是背得滚瓜烂熟。眼前北海的荷花开得正盛，《爱莲说》的经典语句不断浮现出来："予独爱莲之出淤泥而不染，濯清涟而不妖，中通外直，不蔓不枝，香远益清，亭亭净植，可远观而不可亵玩焉。予谓菊，花之隐逸者也；牡丹，花之富贵者也；莲，花之君子者也……"

满眼都是翠绿的荷叶与粉红的荷花，它们映衬在北海的白塔前，显得活泼俏丽。古朴的白塔高高在上，是那么雄健沉稳，塔下的荷花清雅绽放。荷塘里常常有载满游人的摇橹船经过。有一年，我也坐上小船，穿行在花海之中，那

◎ 泛舟荷塘

是离荷花最近的时刻，平时在岸上都是俯视荷花，这次，它们就在我的身旁。偶尔，有几只鸭子从荷花深处游来。看着此情此景，我常常忘了我们正身在繁华的大都市，好像是来到了田间湖边，天高高的、蓝蓝的，周围很静，静得只剩下摇橹划水的声音，静谧而温馨。待小船摇到离永安桥很近，抬头看白塔，方回到当下，这不是在安静的乡村，是在北京城的北海白塔下面。这就是北京城的魅力之一，它能让你仿佛回到古代，和古人观赏着一样的景致；它独有的

文化气韵能让你的心安静下来；它既是一座现代化的繁华大都市，又是一座充满魅力与活力的古老都城。

秋天重走这一段荷塘路，荷花已残，荷叶枯黄低垂着。秋风大作，荷叶全无踪影，只剩下枯黄的枝条。看着眼前的残败景象不免有点怀念夏日的繁茂与美景，继而有点怅然。柳条在狂风中被吹向一边，我顿觉凉意袭人，赶紧把外套的帽子扣在头上。冷是抵挡不住的，可冷也有冷的乐趣。冬天荷花的影子不见了，这里随即变成一大片冰场，供游人嬉戏。能在昔日的皇家园林中，在北海的白塔下，尽享北国独有的冰雪乐趣，这恐怕也只有在北京，只有在这座文化古都中才能够体验享受到如此的无限欢乐。于是，我也不再为秋天而怅然若失，一年四季周而复始，每季都有自己应该有的模样，我们该做的，就是享受当下的美好。

◎ 冬天的北海荷塘

3. 永安桥

从北海东门向南走，一路赏着荷花，终于来到了北海正门，刚才一直看白塔侧景，现在来到白塔正前方。赶紧到北海边靠着栏杆照相，这里就是多少年来，人们来北海看白塔留影的地方。北京人家里，谁没有一张在北海白塔前的黑白照片？即使这照片已经泛黄，白塔依旧那么清晰。走上永安桥，随着蜿蜒的桥指引我们走向琼华岛。夏天时，桥两旁有的是游船，桥的东面还有大片的荷花，冬天时可以嬉冰，每年春节前桥上会挂上大红的灯笼，白色的桥栏、白色的塔，再配上节日的一抹红，特别喜庆。

永安桥，也叫堆云积翠桥，它将太液池南岸的团城和北面的琼华岛连接起来。这座桥始建于元代，最初是一座木桥，明代时被称为"太液桥"，清乾隆年间改建为石桥。1979年，永安桥进行全面修葺，换上了新桥面，装了88根莲

◎ 冬天的永安桥

花饰柱和有荷叶图案的护栏板。在这座桥的南北两端各有一座四柱三楼式的木牌楼，北边的牌楼悬额"堆云"，南边的匾名"积翠"，堆云积翠桥之名也正是由此而来。北海永安桥作为代表我国的建筑名胜，曾被印在1949年发行的第一套人民币100元面值的票面上。

永安桥两端各有一对石狮子，这里还有这么一段故事。老北京曾流传着一句话叫"永安寺的狮子头朝里"，以此来讽刺那些自私自利的人。那么，永安寺的狮子真的是头朝里？不是与永安寺的大门一个方向坐北朝南吗？

我特意去看了，有照片为证。永安桥北端的这对石狮子，头向永安寺，尾向永安桥。如果这对狮子是守护永安寺的，那么，它的朝向的确与众不同。一般护庙石狮子的头，朝向都是与大门同侧才是。这对狮子为什么头朝永安寺呢？原来这对石狮子根本就不属于永安寺，永安寺建于清顺治年间，而这对石

◎ 北端石狮子

狮子早在明代就已经存在了，是为了守护堆云积翠桥而设立的，所以，它们是头朝永安寺，尾朝永安桥。只是因为北面的这对石狮子与永安寺的距离比较近，这才让人误以为它们是寺庙的守门狮子，闹出了这样一段"头朝里"的笑话。与北端相对应，南端积翠牌楼下也有一对狮子，它们是头朝团城，尾向永安桥。它们也是守护永安桥而不是守护团城的。

4. 紫藤萝

从永安桥的南端上桥向北走，下桥就是琼华岛，往前走没几步就来到了永安寺门前，这时离白塔更近了，在塔脚下。姑姑曾回忆：她小时候，爷爷带她来北海玩，她穿着小红裙子在永安寺前跳舞，引得来往游人驻足观看。下桥西面有一个凉亭，这里最好的时节是4月。亭外有一株紫藤萝，飘来阵阵花

◎ 紫藤萝

香。我想写藤萝最好的文章，要数宗璞先生的《紫藤萝瀑布》："从未见过开得这样盛的藤萝，只见一片辉煌的淡紫色，像一条瀑布，从空中垂下，不见其发端，也不见其终极，只是深深浅浅的紫，仿佛在流动，在欢笑，在不停地生长。紫色的大条幅上，泛着点点银光，就像迸溅的水花。仔细看时，才知道那是每一朵紫花中的最浅淡的部分，在和阳光互相挑逗。"

小时候学习过宗璞先生的美文，现在看着一串串漂亮的紫藤花，"美"是大部分人的第一感受。而我除了美，还有一个"甜蜜"的回忆！那是上小学时候的事了。记得有一年，也在紫藤萝花开的时节，奶奶和姑姑带着我去中山公园玩，那里也有一株紫藤萝花，不知道大人们怎么说起用藤萝花可以做小点心。后来，我们就捡了一些掉在地上的落花，回家洗净，与面和白糖和在一起，甜滋滋的藤萝饼就做好了。只可惜那是我第一次也是唯一一次吃藤萝饼，这甜甜的记忆一直保留在脑海里。

5. 北海的白塔

步入永安寺，沿路穿过一进进院落，再爬过一段陡峭的楼梯后，就来到了白塔下。这时，白塔离我这么近，近到塔顶被塔身挡住，以至于不能看到塔的全貌。北海白塔始建于清顺治八年（1651年），康熙十八年（1679年）和雍正九年（1731年）两次因地震倒塌，后来都进行了重建。北海白塔属于覆钵式塔，塔身通高50.9米，在塔身正面开有塔门，又称为眼光门或焰光门。在眼光门里刻有一组别具特色的文字，即"十相自在图"，图中由8个梵文字竖写叠错组成，其意思是象征吉祥平安。这种文字图案在西藏的寺塔中多被采用，但在北京的覆钵式喇嘛塔中比较少见。据说，这种字图从明代开始由西藏传入内地。[1]

---

[1] 汪建民，侯伟：《北京的古塔》，学苑出版社2004年版。

"塔"这种建筑，据记载是在东汉时随佛教正式传入中国的。除覆钵式塔，常见的还有亭阁式塔、密檐式塔、花式塔、金刚宝座塔等8种。文化古都、历史名城北京现存的古塔有几百座，北海的白塔在北京城里可以说名气最大。白塔矗立在琼华岛顶峰，绿荫簇拥，巍峨壮美，引人注目。将宗教建筑白塔和永安寺设置于北海公园琼岛的

◎ 北海白塔

重要位置上，具有主宰全园的气势，以体现"君权神授"的封建思想，这正是帝王宫苑的一大特色。据《大清会典事例》记载，在每年藏历十月二十五日（燃灯节），塔顶到山下都会燃灯，并请喇嘛举行法事，祈求国泰民安。白塔涉及多处文史知识，您若有兴趣，可以看看更细致的资料和关于塔的专著。本书不做详述。下山按原路出了永安寺，一路向西，就来到了下一个景点——阅古楼。

第十节　阅古楼

1. 阅古楼建筑

从北海白塔向西走，一定要来长廊坐坐，长廊的西端起点叫分凉阁，像是古代城池的一个小城门。在开启长廊之旅之前，我被路边的另一座建筑所吸引，这正是"阅古楼"。阅古楼匾额下，还有一匾额，上书"三希堂法帖石刻展览室"。阅古楼，顾名思义，正是前面介绍古代建筑小品中的"楼"，它初建于清乾隆十二年（1747年），是个半圆形的两层小楼，楼内有从魏晋到明朝名家书法墨迹的石刻，共495方。其中《三希堂法帖》石刻，是中国古代书法的石刻珍品。乾隆皇帝《御制阅古楼诗》曰："宝笈三希萃法珍，好公天下寿贞珉。楼飞四面开屏幛，神聚千秋作主宾。"清朝时期，帝后常来此阅赏古代翰墨。我们后人现在有幸也能来此观赏墨宝，小字秀顼优美，大字苍劲有力。我一直想练习书法，无奈因时间有限，就一拖再拖，先看看这些名人作品算是很好的功课了。

◎ 阅古楼内书法作品

2. 枫树

我被阅古楼吸引，始于一次秋天之旅。当我正在仰望前面分凉阁时，偶然一回头，意外发现火红的枫叶正漂亮，中式的建筑阅古楼掩映在这一片红枫之中。若是在古代，文人走到这里，必要赋诗了。我没有作诗填词的才情，只能默默地感叹景色之美，多拍下一些照片来。从那个秋天起，我又特意在春天枫叶还小小的、嫩绿的时候来看它们，背后仍然是显得沉稳苍老的建筑，木窗前是枫树刚刚长出的充满活力的小绿芽。在夏日绿叶满满的时候再来到这里，枫树给人们带来了一丝清凉。冬天枫树叶子或掉落，或是干枯抽卷在枝头，寒风吹过，阵阵寒意袭来。想起余秋雨先生在《文化苦旅》之《吴江船》一文中写道：有人写过一句诗"枫落吴江冷"。寥寥几个字，道出秋季江边的肃杀寒冷。诗人描绘的场景和寒冷的感慨，在阅古楼这里确有同感。再高大的枫树，此时在阅古楼前也显得单薄，看着让人心生凉意。看来，有些景致是相同的，有些感悟竟然跨越了世纪，古人和今人会发出同样的感慨。

◎ 春到阅古楼

◎ 秋到阅古楼

第十一节　北海长廊

1. 长廊概说

观看了阅古楼和美丽的枫树，沿路前行，正式开启我们的长廊之旅。站在阅古楼外，就看到了一座像长城烽火台一样的建筑，当然比烽火台体积大不少，这正是我们前面说到古代建筑小品的"阁"，阁上有重檐古亭坐落于砖石建筑之上，下有石拱门，可供行人穿行。这里是分凉阁，它与长廊东端的倚晴楼遥遥相对，两端之间是一组半圆形的双层

◎ 分凉阁 冬

临水游廊，也就是著名的北海长廊。分凉阁是长廊的西端起点，倚晴楼是长廊的东端起点。

穿过了分凉阁，就进入了长廊的世界。北海长廊建筑群是仿镇江金山寺所建，主要为皇家休闲、纳凉所用。清朝时期，乾隆皇帝曾登上长廊的二楼赏景。夏天可以在这里观看湖光水色，冬天观看冰嬉表演等。长廊外有长达300米的汉白玉护栏，随着脚步的移动，廊间的景色像是电影胶片中一格一格的风景画，各有特色，各不相同，又像是西方绘画中透视画的效果，北海、琼华岛的不同画面层出不穷地映入眼帘，风景宜人。

◎ 长廊雪景

　　我曾在夏天坐在长廊上，用饼干渣喂麻雀，后来还有一只鸭妈妈带着四五只小鸭子游过来，我赶紧把面包撕成一小块一小块喂它们。小鸭子灵巧得很，看见水面上落下食物，伸着脖子迅速游过来，几只小鸭子还争抢着，好像谁的脖子伸得最长，谁就能吃到美食。小时候没有印象有小鸭子出现，不知道北海是在哪年来了这些鸭子，给公园增添了乐趣和活力，人们对小动物更加友好了，公园中的动物也越来越多了。一个夏天，我偶然发现在长廊的一个屋檐下，有小燕子的巢。北京的生态环境现在真是越来越好了，游人如织的长廊居然能有燕子筑巢，说明人们更友善、更平等地对待动物，小动物们才安心在这里安家落户。没有人去打扰它们，更没有人去惊吓它们，游客们只会悄悄地拿起手机或相机，轻轻拍下难得的生动画面。

◎ 在北海公园长廊栖息的燕子

随着长廊由西向东延伸，我们已经走过了大半圈，来到了长廊最东端的倚晴楼。古人才情之高，雅兴之浓，真非今人能比。一段不太长的游廊，东有倚晴楼，西有分凉阁，有始有终。中国人讲究对称之美，建筑也讲究对称，建筑的名字还都起得这么富有诗意。是啊，这里是皇家园林，建筑的规制都是最高级别的，这让我们今人有幸领略到精美的、讲究的古建。这就是北京城的魅力所在，北京名胜的魅力所在。倚晴楼与西端分凉阁建筑规制类似，也是重檐古亭在上，高台中间有洞门可通行，上层周围有砖砌垛口。分凉阁和倚晴楼在过去是可以登上二楼，供帝后观景、纳凉。

◎ 倚晴楼

2. 漪澜堂

在长廊的正中位置有琼华岛的码头，这也是北海的南码头。小时候，我就是和奶奶从这里坐船去北岸的五龙亭。码头的身后是长廊，在这里突然豁然开朗了，出现一进院落，正是漪澜堂。长廊建筑群中最著名，在过去也最具人气的地方就是漪澜堂。漪澜堂建筑群位于北海公园琼华岛北坡，始建于清乾隆年间，是北海保存完整的一处戏曲观演场所，其占地10000余平方米，东西长177.1米，南北宽57.6米。这片建筑群的文物建筑达38座200余间，涉及堂、斋、楼、室、台、轩、廊、亭、馆、门、城等多种类型。[1]在民国时期，漪澜堂外的长廊两侧搭有席棚，是远近闻名的茶社。游人可以在此喝茶，还能吃到瓜子、玫瑰枣等零食、点心。这一时期，鲁迅、朱自清、冰心、沈从文等北平的大家，都曾来漪澜堂茶社休闲、会友。20世纪30年代，沈从文先生执掌《大公报·文艺副刊》，沈先生定期邀请在文艺副刊上崭露头角的新秀作家们到北海漪澜堂或五龙亭座谈聚会。一代棋圣吴清源大师曾在漪澜堂设有棋室，常常在此练棋。据《北京大学日刊》记载，民国年间北京大学各组织、社团经常前往北海漪澜堂举办茶会、联欢会等。20世纪20年代，漪澜堂码头附近开设有溜冰场，冬天开办化装溜冰会。漪澜堂建筑群自1959年以来长期被仿膳饭庄使用，2016年仿膳饭庄搬回了北海北岸，随即北海公园对漪澜堂进行了修整并作为展室对公众开放。2018年3月作为北京市中轴线申遗综合整治重点任务，恢复漪澜堂建筑群原貌被提到日程上，2019年底启动了修缮工程计划，完成了内部违建拆除工作，2022年底漪澜堂修缮工作完成，再次对游人开放。

---

[1]　引自《北京晚报》，2020年7月2日。

第十二节　见春亭及附近的景观

1. 琼岛春阴碑

◎ 琼岛春阴碑 夏

穿过倚晴楼，就来到了下一个重要景点，有石碑为证，上书"琼岛春阴"，这正是燕京八景之一。燕京八景是老北京著名的8处景点，又称"燕山八景"或"燕台八景"等。相传，得名于金代明昌期间，后代文人纷纷题诗，逐渐让八景闻名遐迩。清乾隆十六年（1751年），乾隆皇帝钦定燕京八景为：太液秋波、琼岛春阴、金台夕照、蓟门烟树、西山晴雪、玉泉趵突、卢沟晓月、居庸叠翠。[1]这些地名沿用至今，景致大部分现在仍能供游人观赏。

2. 见春亭

顺着琼岛春阴石碑旁的小路向上走，很多游人不知道，这上面藏着一个小亭子，还没到亭子，我已被曲径通幽的风景吸引。

◎ 去往见春亭 春

沿着假山登几级台阶，来到见春亭下。"见春亭"，顾名思义，人们可以坐在亭子里赏春光。可我觉得，这里一年四季的景色都很美好。我第一次发

[1] 高巍，孙建华：《燕京八景》，学苑出版社2008年版。

现这里的美景是在秋天。初秋，亭前绿色的枫叶刚有些许泛黄，黄绿叶片在太阳的照耀下，显得很调皮活泼，它们好像一点都不冷，反而在和秋风说话。深秋，一树美丽的红枫生长在古朴的亭前，我当时就想，这亭子为什么叫见春亭，这里秋景也很美啊。冬天下雪时，这里景色肃穆不失活泼，只是假山石阶很湿滑，行走有点危险。但为了记录见春亭四季的美好，再有积雪我也要爬上去。我手扶着假山石，身体多向前倾一倾，重心低一点，小心翼翼来到亭旁，回头，才有了一组雪中回望倚晴楼的照片。早春时节，枫树刚刚抽芽，小亭在静静地等着它生长，等到4月枫树已长满了嫩绿色的小巴掌，环绕在亭旁。夏天枫树已经长成。树与亭，亭与树，它们不离不弃，始终形影不离，亭见证了树的长大，陪在它旁看一年四季的更替，这一陪一看就是百年千年。

这里游人很少，正好可以安静赏景。有时觉得，古人特别浪漫有情趣，在不高的一座小山上，修这么一个小亭子，然后在这里观一年四季的美景，与三五友人，吟诗作对，品酒饮茶，多么享受！也幸而古人有这些爱好，给我们后人留下这些景致可以凭吊游览。在古迹扎堆的文化都城，在北京的各大名胜中，可以说处处是景，哪里都蕴含着历史文化韵味，这更是文脉的传承。

◎ 春到见春亭

3.见春亭前黄刺玫

有一年初夏，我在见春亭前意外发现了一棵开着大朵黄花的植物。我住的小区也有这种花，一开始我不知道这花的名字，只是知道从每年的暮春到初夏，就能看到它开出大朵大朵的黄花，很是漂亮，花落后结出红色如弹球大小的果实，像一颗颗红宝石嵌在绿叶中。后来知道这植物是黄刺玫，我们院里的黄刺玫都是低矮的一丛，没想到在见春亭它能长得如此高大，像棵小树，它的花朵为初夏的青绿增添了不少新色彩。我曾在一年冬天的雪后来到这里，夏日的繁华自然不再，没有茂盛的绿叶，更没有朵朵黄花，可没想到，这里依然可爱美丽。黄刺玫细细的干枯的棕色枝条上，托着一小捧一小捧的白雪，

◎ 黄刺玫的初夏

像是缀满了一朵朵晶莹剔透的白色花蕾。虽然寒冷，可不久，这儿就会有花儿开放，蜜蜂和蝴蝶也会来呢。这就是北海的四季、北京的四季，年年花相似，岁岁又不同。

　　我的北京名胜四季之旅很奇妙，可以赏古建，追寻文化古都的文脉意韵；还可以赏花观植物，学到更丰富的知识；更可以从多角度感受历史名城北京的美。我的北海四季之旅要暂告一段落，这里还有很多我没有走到、说全的景点，等着您来亲自探访。离开北海，下一站我们将去景山公园，那是离紫禁城、离昔日皇宫更近的皇家园林。

第二章

景山公园／独特的四季盛景

第一节　离我奶奶娘家最近的皇家园林
——景山公园

　　景山公园是离我奶奶娘家最近的皇家园林，就隔一条马路，家中几代人都曾来这里游玩，我和我的家人对景山公园的感情是亲切的、独特的；我姑姑小时候还常去她老祖家（我奶奶的爷爷奶奶家）住，所以，我姑姑小时候经常去景山公园玩儿。我小时候也住过我奶奶的娘家，平时还经常由奶奶带着到景山以东二眼井附近的亲戚家串门儿，我最喜欢大人带着我去爬景山。景山在孩子的眼里很高，要花好长时间和大气力才能爬到山顶，但孩子们是乐此不疲的。无论从景山公园的东西南哪个门进来，都能看见有一高山，山上还有几座亭子，所以每次来玩儿，都有去野外登山的感觉。我不喜欢走修好的石台阶，必须得自己找路，抓着草，摸着石头，像猴子一样攀缘着上山，再蹲着，揪着草，扶着山石，把一切能攥在手里的东西把牢，然后再一点点挪着下山，这才是爬山的乐趣，是城里孩子难得的野外探险似的体验。而景山公园的独特还因为它是离昔日皇宫最近的地方，站在景山万春亭眺望故宫，绝对是独一无二的景致。下面就请您跟随我来一点点解锁景山的独特。

　　原来，人们的活动范围很小，在北京城中心，与故宫一条马路之隔的景山公园，就是人们登高爬山、赏景游览的好去处。再说我姑姑小时候的北京，交通不便利，过去人们也没有那么多时间去休闲娱乐，能去爬爬景山已经是很奢侈和快乐的事情。我小时候北京的交通也远不及现在这么便捷发达，现而今坐着公交、地铁就游北京了，上了西郊线就到植物园、香山公园，出行不知方便了多少。小时候到了亲戚家，顾不上休息就沿着胡同一直奔西走就到了景山公园的东门，对这一带，我有着特殊的情结。当20多年后，我再来这里时，发现这里的变化不算太大，和记忆中的模样差不多。看着眼前的道路、树木等景物，我不禁激动和怅然，多年来我未曾再来，原来，你依旧如此！很多小时候记忆中的画面渐渐浮现在眼前，记忆和现实的景物叠加在一起，这里还是熟悉的一切。

◎ 景山东街

第二节　景山公园的主要建筑及古迹

1. 景山公园的历史简说

　　景山公园位于北京中轴线中心点上，是元、明、清三代的皇宫后苑，占地23万平方米。景山南依故宫，西靠北海，北与鼓楼遥遥相望，曾是北京城中心的最高点，至今景山上的万春亭仍然是登高远眺的宝地，也是俯瞰故宫全貌最好的地方。景山是北京中轴线上的高点，因此它的四季盛景是最独特的。相传，早在元代，景山还是个小山丘，取名"青山"。明朝兴建紫禁城时，曾在此堆放煤炭，所以民间有"煤山"的俗称。到明永乐年间，工人将开挖护城河的泥土堆积于此，垒起一座高大的土山，改叫"万岁山"，又称"大内的镇山"，景山是清朝初年改称的。景山上有名的5座亭子是乾隆年间修建的。当年山上树木繁多，鹿鹤成群，还遍植花草、果木，有皇宫"后花园"之称。封建帝王常来景山赏花、习箭、宴饮、登山、观景，这里也是明、清帝后祭祖追思的重要场所。景山公园于1928年对公众开放。

北京的名胜古迹，处处是景。不仅植物的四季美景值得好好观赏，建筑就更是饱含着知识和文化韵味。古迹里的建筑多是历史遗迹，年代感十足。东门口，门柱旁有一棵高大的银杏树。景山公园的东门高大开阔，红墙黄瓦有着皇家的气派。这棵大银杏一年四季陪在门柱旁，也长得很气派，衬托着公园中的景致。屋角的脊兽不再孤独，随着银杏一年四季的变化，它们也在观景玩耍，在和银杏树打招呼。春天时脊兽和银杏嫩绿的小叶子做伴；夏天时银杏一把把绿色的小伞为它们遮阳挡雨；秋天银杏的金黄和黄瓦、脊兽连成一片，浑然一体；冬天树叶落下，只剩光秃秃的树枝陪着脊兽，它们一起安静地等待着新的一年。年复一年，各季有各季的模样与美景。

◎ 景山东门的银杏　春

◎ 景山东门的银杏　夏

◎ 景山东门的银杏　秋

◎ 景山东门的银杏　冬

2. 护国忠义庙

进入景山公园东门向右拐，也就是往北走，有一小片银杏林，这一带最有特色的是秋天，金黄色的小扇子飘落在绿绿的草坪上，就像绿地毯上缀满了黄色的宝石。林后掩映着一座古老的建筑，这座建筑是护国忠义庙。它原来常常大门紧闭，并不对游人开放，时常有老年游人在门前阴凉处下棋打牌。后来这里开放了，主要展示关帝文化内容。护国忠义庙始建于明代，为前、后两重院落，在清朝时成为高等级的皇家道观。

◎ 护国忠义庙外景

3. 观德殿

景山公园东门口有一大片牡丹园，稍后会写到。护国忠义庙就在这片牡丹园的东北角，沿着牡丹园往西走，紧挨着护国忠义庙的西墙还有一处在

2020年刚刚恢复展出的建筑群，正是观德殿。观德殿始建于明万历二十八年（1600年），整个建筑群为四进院落，占地面积6000多平方米。这里在明清两朝是皇帝观看皇子和大臣射箭技艺的地方。观德殿的殿名取自《礼记·射义》中"射以观德"。中华人民共和国成立后，观德殿并未对游人开放。2013年北京市少年宫腾退工作终启动，随后观德殿开始修缮。最终观德殿于2020年国庆节前夕正式向公众开放，首展为"紫禁之巅望中轴"2020年北京中轴线申遗特展。2021年春节期间这里还举办了新春特展。

◎ 观德殿院落大门

4. 寿皇殿

我从小来景山公园玩儿，寿皇殿却是30多年来第一次进，倒不是我孤陋寡闻，很多比我年长的朋友也才是第一次进此殿参观，因为这里在2018年才刚刚

对公众开放。第一次进入这个院落参观，不免新奇，抬眼望去，这里居然和景山正中的万春亭正遥遥相望，纵贯一线，摄影的角度是如此独特。真感叹古代的能工巧匠能把建筑修建得如此严格有规制，中国传统文化讲究对称，建筑群一般也是对称的，主要建筑要贯穿成一条线，可是原来哪有那么多精密的测量仪器啊，不禁令人感叹中国古代工匠的智慧！

寿皇殿始建于明万历年间，最初建在景山东北方向。清乾隆十四年（1749年）重建寿皇殿，并被移到皇宫建筑中轴线的延长线上。它是清朝时期皇家祭祖的庙，曾经供奉从康熙到光绪8代帝后的画像和牌位。在元旦等节令以及先帝诞辰、忌辰时，皇室要来此恭行大礼。从20世纪50年代起，北京市少年宫一直使用寿皇殿建筑群，2013年北京市少年宫迁出，景山公园对寿皇殿建筑群进行了全面勘测和规划。寿皇殿古建筑群是中轴线上除故宫之外的第二大建筑群，这里也是配合中轴线申遗重点腾退修缮的建筑群。最终，在2018年，修缮后的寿皇殿再次对外开放。

进入景区，最先看见东西南三面各有一座高大的牌楼，学名称为宝坊。宝坊始建于清乾隆十四年（1749年），均为四柱三间九楼形式，面阔16.2米，黄琉璃瓦庑殿顶，旋子彩画，威严壮观。3座宝坊坊额正面和背面各有4个大字，均为乾隆皇帝御笔题写。其中，南宝坊正面为"顯承無斁"，意思是颂扬，彰显承祀康熙、雍正创下的基业；背面上书"昭格惟馨"，意思是昭示己心，明告天下。东宝坊正面上书"继序其皇"，意思是时常念及先祖先王的大功，要继承并发扬光大；背面4字为"绍闻祗遹"（后两字读zhī yù），意思是对先王的遗训，要尽力听取，谦恭地遵循并继承传播下去。西宝坊正面4个大字为"世德作求"，意思是我的政绩也要与先祖的功德相当；背面为"舊典时式"，意思是从前的典章是今天的标准，从前的事迹是今天的榜样。封建帝王、皇室的期望是美好的，他们希望把皇权世代传承下去，可封建王朝有很

◎ 南面宝坊

大的局限性，这条路必然行不通。但他们对于祖先的敬重对今人有一定的借鉴意义。

3座宝坊是寿皇殿建筑群的重要组成部分，如果把这里算作第一进院落，那么往北走穿过第一道砖城门，进入第二进院落。砖城门为寿皇殿建筑群的外院正门，院里东西对称各有一座建筑，东面是神库，西面是神厨，两端还各有井亭一座。神库是平时存放寿皇殿祭祀用品的地方，神厨是寿皇殿祭祀时制作祭品的地方。井亭为黄琉璃瓦顶，内有一口水井，供制作祭品时取水之用。第二进院落正中有一巍峨建筑，正是寿皇门，也叫戟门，是内院正门。走过寿皇门进入最后一进院，这里面建筑比较集中，我还是第一次见到建得如此密集的古建筑群。正中是寿皇殿，作太庙形制重建于清乾隆十四年（1749年），殿面阔九间，进深五间，为黄琉璃瓦重檐庑殿顶。殿内有3

◎ 寿皇殿

块龛匾都是嘉庆皇帝御书。

寿皇殿外，左右对称各有一小一点的建筑，称为朵殿。东朵殿名为衍庆殿，西朵殿名为绵禧殿。两座朵殿为清乾隆十五年（1750年）建成。我说没见过建造得如此密集的建筑群，是因为在两座朵殿前，还各对称有一座碑亭，让附近空间显得有些局促。碑亭内的石碑南面是乾隆皇帝御笔《重建寿皇殿碑记》，北面是《乾隆十五年五月初十日内阁奉上谕》。这一进院落面积很大，只是坐北朝南的这一片建筑群大大小小挤在了一起。从建筑群向南走，东西各有一配殿。在中国的建筑格局中，主殿带有配殿十分常见，就像民居中，正房东西会配有厢房。在寿皇殿两配殿南，临近寿皇门的门口，东西还各有一座非常小的琉璃瓦建筑，上前看介绍，原来它们是两座燎炉，也叫焚帛炉，用来焚烧祭祀祝版和香帛。

这是我第一次走进景山寿皇殿建筑群，好好感受古代皇家祭祀的礼仪。古代人民历来重视祭祀，皇家就更加重视。北京的天、地、日、月坛是皇家专门祭祀天、地、日、月的场所。寿皇殿是常年供奉清代自清圣祖康熙开始历朝帝后画像的地方，据记载，乾隆皇帝曾亲自来寿皇殿祭祀共307次，嘉庆皇帝亲祭共132次，此后道光、咸丰、同治、光绪帝都多次来寿皇殿亲自祭祀，仅在位3年的宣统皇帝还来参与亲祭共11次。足见清朝皇家对祭祀祖先的重视，也说明景山寿皇殿地位的重要。现在，经过预约，游客就可以进入寿皇殿建筑群参观游览，了解皇家祭祀文化的知识，感受古都北京特有的文化气质。

5. 历史文化遗迹

沿景山公园东门向南走不远，这里有一处有名的历史文化遗迹——崇祯皇帝自缢处。它位于景山东麓，原来这里有一株向东倾斜的低矮老槐树，相传那正是明崇祯皇帝朱由检自缢的地方。当年崇祯皇帝怀着无奈与悲愤，从皇宫一路跟跄走到景山。回头，他看到的是昔日金碧辉煌的皇宫，却已经不再属于他。眼前只有景山的树木和山石静静地陪着他。崇祯皇帝没能实现他的政治抱负，他再没有机会中兴明朝。身后是回不去的皇宫，这标志着他身份的终止，更是一个朝代的终结，他自觉愧对祖先，用腰带把自己吊在了歪脖子槐树上。后来，那棵槐树上一直有一条大铁链，我父辈那代人都亲眼见过这铁链。据说是因为槐树吊死了皇帝，属逆臣贼子，那树就被铁链一直锁到"文革"，才被红卫兵取下来。今天大铁链早已不知去向，但上一辈人都还记得它。后来老槐树被砍掉，现在的槐树是移植的，树旁还立有两块石碑。

◎ 崇祯皇帝自缢处石碑

对于我们今人来说，这里是一处古迹，石碑附近没有种植花卉，四周除了一年四季颜色不变的灰色山石，就是在石碑周围春长秋又败的绿色植物。曾经的一国之君，从皇宫仓皇地出逃，跑到景山这座皇家后花园，再无心游玩和赏景。那棵被砍的老槐树见证了他最后的挣扎与无奈！这是江山的覆灭，是一个朝代的终结，是历史上的大事。也许，崇祯皇帝想不到，如今这里成为后人追思、凭吊历史的地方，这里已经不再是皇家独有的园林遗迹，而是世界人民都能来参观的中国的、北京的历史文物古迹。

小时候我对崇祯皇帝朱由检的了解仅限于在景山公园后山自缢身亡这一史实。历史教科书并未就此展开深谈，我只知道崇祯是大明朝的最后一位皇帝，此刻，我站在这历史遗迹前，不禁感叹，不禁和当年所学联想。小时候除了书本上的知识，我自己没有再查阅其他资料，凭着直观感受，总觉得明朝后期朝政腐化，最后自杀的崇祯皇帝如果不是昏君至少也是个无所作为的皇帝，要不怎能落个仓皇出逃又上吊的结局！现在再来看那段历史，从我目前查到的有限资料来看，虽然也有不少评论诟病他多疑，心胸不够宽广，能力也不是很强，但几乎没有评价说他是昏君，甚至说他勤勉的也比较多，这在对亡国之君（270多年明王朝毕竟是在崇祯皇帝手里被推翻的）的评价中是比较少见的。特别是他的谥号中有"懋孝烈皇帝"，从"孝、烈"二字，可以看出世人对崇祯皇帝朱由检的盖棺论定。当然也有人评论，崇祯皇帝得到的正面评价多，是因为他最后选择了自杀。上述评价是否比较中肯与合理，对历史知识孤陋寡闻的我一时难有判断，这不免引起了我的好奇并引发思考，想从这里了解些崇祯皇帝的故事。

朱由检，明思宗，崇祯皇帝，生于1611年，卒于1644年，万历皇帝的孙子，明光宗朱常洛第五子，其母为刘氏。他是明朝第十六位皇帝，也是明朝的最后一位皇帝。朱由检幼时丧母，少年丧父。父亲朱常洛不得宠，好不容易熬来皇位，却做了大明朝在位时间最短的皇帝，哥哥朱由校上台加速了政体的腐化，到自己接手的时候，国家已经千疮百孔，积弊难返。在王世德《崇祯遗录》的描述中崇祯皇帝朱由检是很勤政的：鸡鸣而起，夜分不寐，往往积劳成疾，宫从无宴乐事。可即使这样勤勉，崇祯皇帝也无力回天，他在位期间农民起义时有爆发，且关外后金政权一直虎视眈眈，明后期已处于内忧外患的境地。还常有天灾暴发，据记载，崇祯在位期间，首先是大旱不断，还有水涝灾害，到崇祯十七年（1644年），李自成军攻破北京时，朱由检无奈于煤山（景山）自缢身亡，终年33岁。

历史也许就是这样吧，任后人评说，是非曲直如何，恐怕也只有当事人最清楚。历史虽有偶然，虽有无奈，而成了历史，就成了永恒，就是人们的记忆。我们今人在书写今天的历史，由我们的后人评说，我们在创造历史的同时还有一项任务就是保护好我们的历史。保护历史的方法就有学习历史知识，保护历史遗迹，等等。也许还有像现在这样，把美景记录下来，可时时翻阅，回顾历史，又触发新的思考。

6. 绮望楼

进景山公园正门（南门），面对一高大气派的建筑，正是绮望楼。春天，有两株海棠开得正盛。这时游人最多，有人在这里挥舞彩带锻炼；夏日炎炎，游客略少，此时正是荷花盛开的时节，莲花辉映着绮望楼，是难得一见的具有浓郁中国特色的景致。原来这里在明代时，曾建有一座五开间的大殿，称为山前殿。皇帝经常在山前殿宴请各地来京朝贺的文武官员、部落首领及外国公使等。清乾隆十五年（1750年），在原建筑的基础上兴建了绮望楼。取名"绮望楼"，是因为在这里可以登高远望，观赏美丽景致。绮望楼坐北朝南，分为上、下两层，歇山重檐，黄琉璃瓦顶，看上去很宏伟。视线越过它，还能看到在它身后最高处的景山万春亭。

◎ 绮望楼 夏

7. 五方亭

景山公园最著名的景点要数建在山上的5座亭子，每方亭子都有一个好听的名字，让我十分赞叹和敬佩古人的才情和雅兴。小时候来爬景山，觉得山很高，要花很长时间才能到达山顶。爬山的过程就像历险，特别有意思。到了最高处终于可以休息休息，既骄傲自己登顶成功，又可以在这儿好好玩耍。印象比较深的是，许多和我一般大的小朋友，会把亭子门口台阶两侧的石板当滑梯。那里的石头不是一般的石头，而是花岗岩石一类的像玉石一样的石头，这石头还反着温润的光，看着就特别滑。孩子们发现了这个特性，就拿它当了天然滑梯，时间长了石头两边凹陷中间凸起，都有印记了。等我成年后再去，石头台阶上已经套上了一层保护套，人们是踩着塑料保护层上下的。我小时候来景山公园的游人不是那么多，现在游客络绎不绝，是该好好保护这些历史古迹。

（1）周赏亭

如果从景山东侧，也就是崇祯皇帝自缢处旁上山，首先来到第一座亭——"周赏亭"。周赏亭是在明朝建筑基础上于乾隆十五年（1750年）修建的，与西侧的富览亭相对而建，两座亭子的建筑形式和彩绘完全相同，都为重檐圆攒尖顶，上盖蓝琉璃瓦，亭高11.75米，建筑面积76.36平方米。周赏亭内原供奉有铸铜镏金佛像，佛像于清光绪二十六年（1900年）被八国联军

◎ 周赏亭

劫去。现亭内并不对外开放，大门紧闭，人们可观赏亭外景色。

（2）观妙亭

沿路继续上山，就来到了第二座亭子——"观妙亭"。观妙亭是在明朝建筑基础上于乾隆十五年（1750年）修建的，与西侧的辑芳亭相对而建，两座亭子为重檐八角攒尖顶，上为绿琉璃瓦顶，黄琉璃瓦剪边，亭高12.05米，建筑面积90.3平方米。观妙亭内原来也有一尊铸铜镏金佛像。

◎ 观妙亭

（3）万春亭

绕过观妙亭，远远地就望见了万春亭。它位于5座亭子的正中，在景山最高处，被誉为北京中轴线上的制高点，京华览胜第一处。万春亭建于乾隆十五年，是5座亭子中面积最大的一个，亭高15.38米，建筑面积296.5平方米，亭子平面呈四方形，为三重檐四角攒尖顶，上面覆盖黄琉璃瓦顶绿瓦剪边。万春亭的彩绘称为旋子大点金龙锦枋心，这是中国皇家等级最高的彩绘形式。这几年每年新年1月1日，我都会到景山公园游览，然后爬山登高，到万春亭站一站、看一看。我期望借着新年登高年年高的寓意，来为自己和家人祈福祝愿。近两年，出于保护文物等原因的考虑，不能登上万春亭了，也不能坐在亭子里了。但来这里登高远望还是很好的体验。

◎ 万春亭

　　来景山公园一定要爬山登高，登高就一定要到万春亭观景，即使现在北京现代化的高楼大厦林立，可到了景山的万春亭，依然可以极目远望，有一览众山小之感。我说景山公园的四季美景是最独特的，就是因为在这儿登高远望，能看到故宫，还能眺望京城。到景山登高望望对面故宫的全貌，昔日的皇家

宫殿全景呈现在眼前，是一大片金黄色的琉璃瓦，显得金碧辉煌，那种气势，不言自威。在"北海公园"一章"九龙壁"一节里我们提到过琉璃建筑艺术。明、清时期的琉璃瓦生产，从数量和质量上讲都超过过去任何朝代。今天，我们从北京景山万春亭俯瞰紫禁城，看到一片华丽的金黄色琉璃瓦海，点缀着苍松翠柏，显示着中国古代匠师在运用琉璃瓦上获得的艺术效果是非常成功的。[1]

　　故宫建筑群不仅是皇家宫殿，更是皇帝生活和工作的地方。我们看意大利比萨斜塔，法国埃菲尔铁塔、卢浮宫；我们看拜占庭式、哥特式、巴洛克式、洛可可式各历史时期的国外建筑，会有它们各自的建筑艺术和历史特点。而北京名胜古迹的建筑，无论小巧的亭台楼阁，还是像故宫这样宏大壮阔的建筑

◎ 在万春亭上南望故宫

[1]　刘敦桢：《中国古代建筑史》，中国建筑工业出版社2018年版。

群，一看就知道，这，就是中国的特色，是北京的特色。这是世界上绝无仅有的中国皇家园林，是人类共同的历史文化遗产。要想从高处俯瞰故宫全貌，那么，景山的万春亭就是绝佳的位置，这是离故宫最近的一个高点，这里也是北京中轴线上的高点。

站在万春亭向西望，最显眼的建筑是北海的白塔。春天，整个北京笼罩在一片新绿之中，绿莹莹的树木小嫩芽，枝枝杈杈地在白塔前伸展着；夏天绿植繁茂，还有很多游船泛舟湖上；秋天，京城被一片金黄簇拥，映衬着高高的白塔；冬天，北海冻冰了，赶上下雪，不光塔是白的，冰面也变成了白茫茫的一片。

◎ 在万春亭上西望北海

再向北转，在万春亭的北面，一眼就能望到鼓楼。鼓楼南是地安门，过去鼓楼到地安门一带包括什刹海都特别繁华，一到夏天，什刹海沿岸都会搭

上席棚，里面有卖各式各样的美食，少不了老北京人消夏的吃食扒糕、凉粉儿一类，还有演杂耍儿和变戏法儿的。到了冬天也不寂寞，特别是春节以及元宵节前后，人们打着灯笼去地安门一带逛夜景、看灯会。中华人民共和国成立前鼓楼向南的这条街上走有轨电车，马路上还能看到铁轨，路两旁铺面林立，家家挂着大红灯笼，红火又喜庆。现而今，铁轨已无踪影，可这里商业依然繁华。向北再看远一点，能看到奥运村、奥运塔，那是新北京的标志，是2008年北京举办夏季奥运会的见证。万春亭高，上面常年有风，夏天时，坐在万春亭的北面休息，特别凉爽。

◎ 在万春亭上北望鼓楼

　　东面是我上山来时的方向，现在回头看，东北方向有很多民居，楼房高高低低，近处有，远处还有，城市一眼望不到头。往东南看，能看到国贸附近的现代化建筑，中国尊傲然屹立。现在已经是21世纪20年代，北京不仅仅是一座文化古都，更是一座现代化的国际都市。

◎ 在万春亭上东望国贸

　　在万春亭登高远眺，眼界顿觉开阔，让人心情舒畅。这是在现代高楼大厦林立的城市中难得的体验。来万春亭因为高，总觉得离天更近了一点，什么是云蒸霞蔚，在万春亭上我有了些许体验。一次北面天空是晴的，天蓝得透亮，可南面风起云涌来了大片的云。看着乌云汹涌，我想是不是北京的南边已经下起了滂沱大雨呢？傍晚站在万春亭向西望，看红彤彤的太阳一点点落下，它发出金灿灿的光芒，把最美最暖的光留在地球，自己悄悄落下，我们就一起再等待明天升起的朝阳。

◎ 万春亭上看云

（4）辑芳亭

到了万春亭，就该下山了。向西先到辑芳亭，景山公园的五方亭都是在明朝建筑基础上于乾隆十五年（1750年）修建的。辑芳亭与东侧的观妙亭相对而

◎ 辑芳亭

建，两座亭子都为重檐八角攒尖顶，亭高12.05米，建筑面积90.3平方米。辑芳亭内原供奉的铸铜镏金佛像于光绪二十六年（1900年）被八国联军劫去。

（5）富览亭

富览亭与东侧的周

赏亭相对而建，都为重檐圆攒尖顶，亭高11.75米，建筑面积76.36平方米。我在富览亭前，发现了一棵枫树。枫树和这座古亭，组成了这里一年四季特有的美景。朱红的亭子，檐角是红的，柱子是红的，镂空的木窗是红的，还有漂亮的彩绘，这一切都是皇家的特色。枫树则按着时节生长，春夏秋冬，用它的生命来和古建一起组成富有浓郁文化气息的美景。春天它给古建增添新绿的活力与生机；夏天浓浓的绿意繁茂的树叶为游人和亭子遮挡骄阳；秋天黄叶、红叶在朱红的亭子前，并没有枫叶落寒风起的感觉。我在"北海公园"一章"阅古楼"一节中提到过"枫落吴江冷"，在阅古楼时，看了秋日的枫树的确让人有一丝寒意，而富览亭这里虽然也有一棵枫树，但即使在秋冬季却仍然让人感觉

暖暖的。许是因为富览亭朱红的门窗，比阅古楼色彩更艳丽温暖吧；又或许阅古楼近水，站在阅古楼前就能望到北海，秋风一起，水面波澜，确有萧瑟之感。当然这纯是我一家之言，个人之感。到了冬天枯叶缀在枝头，人的体感是冷的，心里却不冷。富览亭红色是冬季里少有的一抹亮色，它在一年四季傲然挺立，和枫树一道等待来年的美好。

◎ 富览亭

走过富览亭，马上就到山下了。向东，就到了景山公园南门，向北是景山公园西门，景山的西门和北海的东门正遥遥相望。很多游人从这里往来穿行，游览这两处北京重要的历史古迹。下了景山，我总要回味游览之旅，非常钦佩古代的能工巧匠，能把景山的五方亭建得这么美，也更为中国传统建筑艺术赞叹不已。简单说，最东端的周赏亭和最西端的富览亭，外观是重檐圆顶。中间两座是东端的观妙亭和西端的辑芳亭，外观是重檐八角方亭。正中最高的万春亭面积最大，建筑也更为复杂，是三重檐四角攒尖顶，呈四方形。每次我来还都要细细品味这五方亭的名字，更佩服古人的深厚文学素养和造诣，每座亭子名字都那么雅致，而且用字精妙，简单的几个字，却饱含深意。有时想想，现在的文章、视频，用词直白，意味平淡。我们真该好好向我们的先人学习作文章，让美与形、神与韵兼备。

第三节　景山公园的特色植物

1. 牡丹园

观德殿南有大片的牡丹，每年的4月底到5月是这里的牡丹绽放得最绚烂的时候。小时候我知道这里有漂亮的牡丹，奶奶和她的姐姐还带着我来这儿赏花照相，可那时候我并不知道景山牡丹园的历史故事。这里原来是北京最大的牡丹观赏园，牡丹有超过2万株。景山公园的牡丹可是名不虚传，这里有着悠久的牡丹种植历史。清乾隆年间，皇帝每年不但要侍奉太后到景山欣赏牡丹，还要携皇后妃子来景山踏青。现今，景山公园的牡丹株高，龄长，花大，色艳，很多都是难得一见的稀有品种。某年我在3月下旬来到景山东门的牡丹园，绝大多数枝头已经抽出紫红的小叶。看介绍牌才知道牡丹的种类繁多，名字都很悦耳：迎日红、盛丹炉、洛阳红、乌龙捧盛、珊瑚台、赛雪塔等。4月初花叶长出，绿绿的花苞缀在枝头，就让我们继续等着它们安静地生长吧，大约4月底到5月间，游人们就能看到盛放的牡丹。

◎ 景山公园牡丹园

◎ 盛开的牡丹

　　我国自古对牡丹情有独钟，对它的喜爱和赞美不绝于耳。牡丹花大而香，有"国色天香"之称。牡丹是毛茛科芍药属植物，为多年生落叶灌木。它是中国特有的木本名贵花卉，有数千年的自然生长和1500多年的人工栽培历史。唐代刘禹锡有诗曰："庭前芍药妖无格，池上芙蕖净少情。唯有牡丹真国色，花开时节动京城。"唐朝在安史之乱前社会稳定，经济繁荣，长安的牡丹在引种洛阳牡丹的基础上，得到了迅速的发展。宫廷以及民间种植牡丹十分普遍。在清代晚期，牡丹因雍容华贵，就曾被当作国花。牡丹不仅是我国人民喜爱的花卉，也受到世界各国人民的喜爱。在人间最美的4月、5月，来景山公园看牡丹吧！

2. 郁金香

　　沿路继续向南门走，最漂亮的季节是春夏之交。这时路两旁有形态各异，

◎ 花色郁金香

颜色鲜艳的郁金香。郁金香叶子碧绿，直挺的植株上开着大朵大朵艳丽的花，有红的、紫的、黄的、粉的，还有花色的，特别惹人喜爱。它们的名字也都很好听，有普瑞马斯、道琼斯、小黑人等多个品种。您一听这些名字就知道这些郁金香是舶来品。郁金香是百合科多年生草本植物。我的印象中，郁金香还有风车是与荷兰联系在一起的，其实，一般认为郁金香原产于地中海沿岸和土耳其，现在世界各地均有种植。因它色彩艳丽，种植广泛，被称为"世界花后"。

郁金香相对矮一些，它们在最前排，后面是错落有致的牡丹。每年都是郁金香先开放，那时候牡丹还是绿绿的花苞，5月，等牡丹一开，这里高高低

◎ 牡丹花开

◎ 牡丹与郁金香

低全是花，眼睛都不知道该看哪儿，手里的镜头也忙不过来，不知道该对准哪里。除了刚才提到东门的牡丹园，路旁的牡丹一点也不逊色。不过，到了每年的7月、8月份盛夏时节，花一朵都不见了，只剩下大片大片的绿叶。这就是大自然的神奇，也是规律。5月时，这里绚烂，花朵之多、颜色之丰富，让游人赏心悦目，驻足停留。7月、8月，只剩油绿的叶子，再到秋天和冬天的衰败，谁能想象这里曾经那么繁盛。好在，过了冬天就是立春，马上又迎来了好时节，一年又一年就这样周而复始。

第三章

故宫角楼／灵动的四季盛景

第一节　摄影爱好者的聚集地——故宫角楼

　　不知道从什么时候起，故宫的角楼成为摄影爱好者的打卡地之一。西角楼人最多。无论我什么时候来，冬天还是夏天，上午还是傍晚，这里都聚集着照相的人们，或许应该叫"摄影"才更对得住人们虔诚的心思和手里的家伙什儿。这其中的很多位真不是偶尔路过这里的过客，也不是旅游经过的游人。他们目标明确——拍摄，目的地明了——故宫角楼，他们不屑于用手机拍照，个个手持专业相机，拿三脚架的也不在少数。那"长枪短炮"的阵势，真不亚于国内外重大新闻事件的发布会啊！少则十几个人，多则几十位。夏天时还好说，大家都在那里安静地守候、认真地拍摄，偶尔与影友浅浅地交流几句。冬天的时候，个个穿着厚厚的羽绒服，可站着总还是冷，人们时而搓手跺脚，也不肯放弃取景。等到光线合适，调试机器按下快门时，再把熊掌一样的厚手套摘去。

　　角楼只是故宫千千万万的皇家建筑中的一座。它不是最宏大的，也不是最壮丽的；它不在故宫的核心，只安静威严地矗立在故宫的角落里。你说它能代表故宫是没错的，因为它毕竟是未进故宫之前，最先看到的标志性建筑；可你说它不能代表故宫也不能算错，它的确无法和故宫里更壮丽、更恢宏的其他建筑相比。

皇城中的宫城，南北长960米，东西宽760米，四面都有高大的城门，城的四角建有形制华丽的角楼。宫城内是明清两朝皇帝听政和居住的宫室。[1]假如漫步故宫里，你能体会皇家宫室的气派，找寻皇家建筑的神韵，你还可以想象着几百年前皇帝、大臣曾在这里议事，皇上和他的家人曾在这里生活。穿着长袍的古人就曾走过现在我们走的路、穿行的门。我们也体验一把时光的穿越感。看故宫展出的珍宝更是让人不禁感叹过去工匠的精巧、皇宫的富庶。而还没有进故宫里，这个备受摄影爱好者追捧的摄影地——故宫角楼，却吸引了众多粉丝。它周围没有奇花异草、亭台阁榭；它也没有稀世珍宝，要看展览、看珍品得进故宫里，那才能见得到宝贝的真容。西北角楼在车水马龙的景山前街最西端，路上公共汽车和小汽车穿梭，偶尔还有自行车穿过，这就是现代化的场景。看到这些场景，马上把你拉回现实生活，刚才的皇上、后宫，一概忘到了脑后。人们就喜欢在这故宫以外，在角楼以外远观角楼，去追寻探秘故宫的一丝神韵。摄影爱好者们发现了这里的奥秘，如果是晴天，在日落之前，也就是太阳即将掉落地平线的一刹那，夕阳洒在角楼上，是金碧辉煌的。这种绚丽、辉煌中透出的浓厚深远的文化意蕴，只有在古都北京可观可感。

我也随着人们探访了这里的一年四季，一点点发现、探索这里的特色，故宫角楼一年四季都有独特的魅力，它的四季美景是灵动的。人们是聪明的，要不，怎么这里一年四季都吸引着众多摄影爱好者呢！他们有人喜欢拍建筑，有

[1]　刘敦桢：《中国古代建筑史》，中国建筑工业出版社2018年版。

◎ 拍摄故宫角楼的人们

人喜欢拍光影变幻，喜爱追着夕阳在角楼上的影子。我则喜欢春夏拍云，秋冬拍银杏和雪。

第二节 故宫及故宫角楼简说

1. 故宫

本章的四季之旅重点说的是故宫的角楼，虽然一直只在故宫的外面转悠，可故宫的历史怎能不说？北京故宫是明清两朝皇帝的宫殿。从明永乐五年（1407年）起，明成祖朱棣集中全国匠师，征调了二三十万民工和军工，经过14年的时间，建成了这组规模宏大的宫殿建筑组群。清朝沿用以后，部分宫殿经过重建和改建，总体布局基本上没有变动。大片黄色琉璃瓦屋顶和红墙红柱以及规格化的彩画等给全部建筑披上了金碧辉煌的色彩，获得了丰富而统一的艺术效果。明清故宫全部建筑分为外朝和内廷两部分，外朝以太和、中和、保和三殿为主，前面有太和门，两侧又有文华、武英两组宫殿。内廷以乾清宫、交泰殿、坤宁宫为主，在明朝是帝后居住的地方。这组宫殿的两侧有用于居住的东西六宫和宁寿宫、慈宁宫，最后还有一座御花园。[1]

---

[1] 刘敦桢：《中国古代建筑史》，中国建筑工业出版社2018年版。

现在，故宫是国家级博物院，其中有绘画馆、陶瓷馆、青铜器馆、珍宝馆、钟表馆等多个展馆。故宫收藏有大量古代艺术珍品，是中国收藏文物最丰富的博物馆，也是世界著名的古代文化艺术博物馆，其中很多文物是绝无仅有的无价国宝。现在的故宫对公众开放的区域也越来越多，还增加了供人们休息的座椅，游人们也更加注重历史文物的保护。现在故宫内举办的文物展览更多了，这是保护历史文物，学习历史，传承历史所需要的。

故宫里的宫殿建筑众多，如果要认真地参观游览，一天时间肯定是不够的。我想，即便花上一周的时间也只是走马观花地看完。如果想更多了解里面的知识，仅仅是了解，谈不上比较研究，都需要在故宫里观看更长的时间。故宫里蕴含的知识是学习、研究一生都研究不完的。在故宫工作的人们，大概是有幸能在故宫里一直学习的。现在流行去故宫拍照，春天有春花，秋天有落叶，故宫里的知识和美景要细说绝对可以写一本书，其实，几本书都说不完。我的四季之旅现在只简单把我观察到的故宫角楼四季美景和大家分享。

我曾经陪同一个外国朋友游览故宫，他问我，故宫为什么翻译成"The Forbidden City"？为什么要"禁止"？当时我没有想到他会问这个问题，自己也没有这方面的知识储备，现查来不及，我快速地想了想告诉他，至少有一个原因是：故宫是皇帝的家，里面有他的家眷，皇帝还在里面办公、与大臣议事，所以这里是不允许普通老百姓随便进入的。他点了点头，似乎是明白了一点。

后来我查了一下故宫为什么在过去还叫紫禁城。"禁"我说对了，皇室的居所，尊严无比，防备森严，严禁侵扰，禁止百姓出入。还好没有给外国朋友说错，不然自己国家的文化遗产知识都说不明白，既没有给外国朋友当好向导，也说明我作为文化古都的一员，知识积累太匮乏。好在故宫的英文只翻译了"禁止"这层含义，没有体现"紫"，否则一来我不确定紫的含义，二是我有限的英语水平也翻译得不恰切。后来关于紫禁城的"紫"，我查到有这么几种解释：一种说法是，中国人认为"天人感应""天人合一"，因此故宫的结构是模仿传说中的"天宫"构造的。古代天文学把恒星分为三垣，周围环绕着二十八星宿，其中紫微垣（北极星）正处中天，是所有星宿的中心。紫禁城之紫，就是"紫微正中"之紫，意为皇宫也是人间的"正中"，以表明天子"受命于天"和"君权神授"的威严。另一种说法认为，皇帝自命为天帝之子，即天子。天宫是天帝居住的地方，也自然是天子居住之地。《广雅·释天》曰："天宫谓之紫宫。"因此皇帝住的宫殿就被称为紫宫。还有说法是由"紫气东来"成语而来，紫气东来象征吉祥，皇帝居住的地方是吉祥的福地、宝地，充满祥瑞。我个人比较倾向第一种解释，无论是什么原因，紫禁城只是过去的一种叫法，现在我们习惯叫这座金碧辉煌的院落为故宫。今日的故宫博物院，敞开胸怀，接待海内外宾客。

2. 故宫角楼

现在故宫有很多吸引人的文创产品，其中有一个"斗拱孔明锁"，这个产品的设计灵感就来源于故宫角楼。榫卯结构是我国建筑艺术的独创，是古代中国建筑、家具及其他器械的主要结构方式，其特点是在物件上不使用钉子，利用卯榫加固物件。其中，交错而成的承重构件被称为"斗拱"。斗上加拱层层叠叠可以起到很好的支撑作用。故宫的角楼就是由千千万万个榫卯结构叠加而建成的建筑，别看角楼体量不大，它的建筑艺术水准可以说是精美绝伦的。

在两晋南北朝时期，木结构构件仅敦煌石窟保存着几个单拱。据敦煌石窟中的初唐壁画，栌斗上已出跳水平拱，到盛唐壁画则有双抄双下昂出跳的斗拱。补间铺作在初唐时期多用人字形拱，到盛唐出现了驼峰，并且在驼峰上置二跳水平拱承托檐端，由此可见佛光寺正殿的斗拱结构，至迟产生于盛唐时

期。[1]这种建筑艺术形式在我国已经有上千年的历史。故宫角楼造型独特，形制华丽，是体现我国人民古老文化和智慧的杰出代表。

关于角楼这个别致的建筑还有一个生动的故事。相传当年燕王朱棣称帝后，他要求在皇宫外墙4个犄角上，盖4座样子美丽的角楼，每座角楼要有九梁十八柱七十二条脊。并且说如果修不好就要将工匠杀头。管工大臣领了皇帝的谕旨后，心里非常发愁，不知如何盖这九梁十八柱七十二条脊的角楼。他只得把京城有名的木匠们都叫来，跟他们说了皇帝的旨意，限期3个月，叫他们一定要按期盖成这4座角楼，否则大家谁也活不成。木匠们对这样的工程都没把握，只好常常在一块琢磨办法。3个月的期限很短，一转眼一个月过去了，工匠们还没想出一点头绪，他们做了许多模型，都不合适。当时正赶上三伏天气，热得人都喘不上气来，大家心里又都很烦闷，晚上很多人都睡不着觉。

有一天，大伙突然听见老远传来一片蝈蝈的吵叫声，接着又听见一声吆喝："买蝈蝈，听叫儿去；睡不着，解闷儿去！"出门一看，原来是一个身着白衣、留着白胡子的老头儿挑着许多大大小小秫秸秆编的蝈蝈笼子，在沿街叫卖。工匠们都琢磨着自己命都不保了，谁有心思玩蝈蝈呢？没人买，结果那老头儿愣是在街门口的石头台阶上留下了一个蝈蝈笼子，甩手走了。

老师傅拿起蝈蝈笼子，看得眼都直了，这个细秫秸秆插的蝈蝈笼子，精巧得跟画里的阁楼一样，他把蝈蝈笼子的梁啊，柱啊，脊啊，细细地数了一遍又一遍。他这一数，大伙也被吸引得留了神，静静地直着眼睛看着，一点声音也没有。木匠数完了蝈蝈笼子，蹦起来说："这不正是九梁十八柱七十二条脊吗？"大伙一听都高兴了，这个接过笼子数数，那个也接过笼子数数，都说："真是九梁十八柱七十二条脊的楼阁啊！"原来那卖蝈蝈的白胡子老者正是鲁

[1] 刘敦桢：《中国古代建筑史》，中国建筑工业出版社2018年版。

班的化身，是祖师爷来救他们啦！就这样大伙受到这个蝈蝈笼子的启发，琢磨出了角楼的样子，并据此制出烫样（立体模型），最后修成了到今天我们看到的故宫角楼。也许就是因为这个美丽的传说故事吸引了游客，也因为故宫角楼独特的造型、特殊的美景，被今人发现和追捧，成为当今摄影爱好者聚集的地方。

第三节　故宫角楼的四季景色

1. 西北角楼的四季美景

　　故宫西北角楼，位于故宫城墙西北角，黄色琉璃瓦顶和镏金宝顶在阳光下闪烁生光，再衬着蓝天白云，显得庄重美观。冬天是简单的，空旷且视域开阔。天蓝得高远、透亮，角楼孤寂地矗立着，护城河边的柳树、槐树只有干枯枝条，河面已经冻冰。一切安静祥和。然而，赶上下雪就是另外一派景象。角楼造型独特，檐角多，就给雪留下了更多的发挥空间。我们能在角楼观赏到难得一见的三层被白雪覆盖的屋顶，像是在金灿灿的黄屋顶上镶了一条又一条晶莹的银边儿。威严挺拔的角楼唯有此刻看上去更灵动可爱。护城河的冰面也被白雪覆盖，少了亮晶晶，多了白茫茫。冰面上的白雪反射出白光映衬着角楼，像是给角楼打上特有的柔和白光。大地显得亮了不少，太阳忙着和乌云玩耍，躲到了云彩里。护城河上，是雾气还是水汽难以分辨，总之灰蒙蒙的一片环绕在角楼周围，像是一幅水墨画，仿佛一场雪后，这里就回到了明清。

◎ 雪后西北角楼

　　要是天晴而雪未化，又是另一番景象。天蓝得没有一丝云彩，太阳高高地挂在空中，虽然这时太阳个头大、光照强，但它发出的热量是微弱的，阳光洒在身上并不会觉得晒和热，让人想躲避，反而觉得温煦的阳光正好追逐，要把脸迎向太阳，去感受冬日的温暖才不负这美好阳光。这时天高云淡的样子恍如秋天，角楼上的雪已经化去，可护城河的雪还在，证明了此时还是寒冷的冬天。角楼依然矗立着，无惧风雪阳光的洗礼。如果在傍晚来看夕阳的余晖，它和角楼组合在一起，正是光与影的游戏，更是具有独特城市特色的傍晚。金灿灿的阳光伴着角楼，从角楼上渐渐隐没，可只要是太阳落山前，太阳的光仍然是大大方方、刺眼的。等到它从地平线上真的掉落，又把最后一抹红色献给了角楼。角楼在这红色的霞光中，熠熠生辉。

　　和角楼一样有着坚毅品质、不畏严寒的可能得算在这数九寒天拍婚纱照的

◎ 夕阳下的西北角楼

人们。角楼历来是很多新人拍婚纱照的取景地，我曾在西北角楼遇到在天寒地冻的冬天拍婚纱照的一对新人，真替新娘喊冷，护城河都冻冰了，她却露着脖子和双臂取景，也许这就是为爱付出吧！相比冬天的美丽"冻"人，夏天来这儿拍婚纱照自然是不冷，新娘可以从容地摆弄她漂亮的红裙摆，但暴晒在这时也一样是个考验。春秋天来拍婚纱照似乎好一点，可人们等不及，这里一年四季都会有一对对新人来，他们是角楼最特殊的游客。

　　春天角楼附近就像一幅青绿山水画，白云、乌云像棉花糖一样，松松散散地挂在蓝天中。这是我第一次看到这样奇异美丽的景象，故宫角楼的美景是灵动的。看到这时的故宫角楼，我在心里暗暗叫绝，居然在北京能看到这么美的景观：大自然的云、天、光，与古老的建筑这么完美地融合。绿树和角楼，让人心驰神往，觉得不虚此行。无论从北京还是从外地或是外国的某个地方，跨越多远来到这里都不会负了旅途的艰辛，因为这样的景致，只有在北京才能得以一见。云层并不厚，却很多。曾经觉得白云挂在蓝天上，很清丽，是最美的景色，可这次我发现，薄薄的乌云也好看，它丰富了空中的色彩，还增强了云的立体感。金碧辉煌的角楼就矗立在这多彩的奇幻的云中，和云一起倒映在护城河里。河边的垂柳绿莹莹的，云又好似与河中的水汽结合，像有一层薄雾一样，笼罩着绿树。如果赶上傍晚的夕阳给角楼给云朵洒上金色的光芒，眼前的一切就更迷人、更梦幻，这就是生机勃勃的角楼的春天。

我喜欢在春天来这里看云卷云舒，只有这时的云才这样淡、这样轻。"春雨贵如油"，说不准飘过的哪片云彩就带着吉祥的春雨。雨安安静静地下，好像女孩子在悄悄地啜泣。一会儿乌云满了，一会儿蓝天又现了，你要静静地站在这里，多等一会儿，就能看到多彩变幻的天空。这时候的天气像小孩子的脸

◎ 春天在西北角楼看云

色一样，是多变的。春天角楼的云美，植物也最美。银杏的小扇子渐渐抽出，枫树的小巴掌正在生长，海棠在角楼前绽放，碧桃花也争奇斗艳地开放，春天的角楼除了可爱的云，还有灵动的花，春天来角楼看云看花吧！

天上阴云提醒着人们，马上就要到夏天了，到了夏天，云和雨可不会像春天这样温柔。北京的夏天，乌云不会这样清浅和这样薄，是厚厚的深灰色，小时候还能看见像黑锅底一样的乌云，看着就心生惧怕。雨来得也急，豆大的雨点瞬间洒下来，然后成了密实的银线，接着倾盆大雨如注而下。这时西北角楼边陪伴的柳树已经是深绿色的叶子，枫树也正丰满，银杏伸展着叶片在和角楼打招呼。现在热得有些透不过气来，没有一丝风，绿叶静静的。北京的夏天是闷热的，水汽、热气笼罩着西北角楼，真希望来一场畅快淋漓的大雨浇灭暑热。有一年我在立秋之后来到角楼。暑热虽未退去，可毕竟天气要转凉，秋天

◎ 夏天在西北角楼看云

的天高云淡在这时有了一丝显露，可在此之前还常常有厚实的云层密布。树还是夏日的繁茂。只要有云，景色就美，只要景美，摄影爱好者就不会少。要想看故宫角楼的云，我想春夏之交和夏秋之交是两个最好的时节吧。

　　秋天，角楼附近颜色丰富。护城河边的柳树绿色中夹杂着黄色，秋风阵阵时，在风中起舞，看着就觉得周身寒气逼人。好在有金色的银杏，看着暖暖的，它呼应着角楼的金色，让人们感到这是收获的金秋时节。

◎ 西北角楼的秋天

2. 东北角楼的四季美景

　　故宫东北角楼一直不如西北角楼人气旺，猜测是因为摄影爱好者更喜欢追着阳光，拍摄夕阳下的西北角楼。其实，四季的东北角楼一点也不逊色于西北角楼，春天时护城河的冰融化了，角楼倒映在水中，波光粼粼，荡漾着春的

气息。东北角楼人气最旺当数夏秋。我曾见过同时有四五对新人，在这里拍婚纱照。尤其是秋天，银杏叶渐黄，天蓝蓝的又那么透亮，光照充足，正适合拍照。如果喜爱故宫角楼的风景，来这里拍一组文化气息浓郁的婚纱照，是很有北京城市文化特色的选择；或许新人们希望爱情也能像角楼一样，穿越历史，历久弥新吧！

◎ 在东北角楼拍婚纱照的新人

第四节 故宫角楼附近的特色建筑

1. 西北角楼东的牌楼

站在故宫的西北角楼向东看，远远能望到故宫的北门，还有景山公园的万春亭，再往远望，还能看到东南边的中国尊。四季变换，这些建筑是四季美景中不变的景色。从故宫西北角楼向东走大约100米，有一座古香古色的牌楼。我不禁有些疑惑，这座牌楼临街，又临故宫的护城河，它到底是属于哪里的牌楼？这一查竟又查出了一段往事和另外一个高大建筑群的故事。

◎ 西北角楼旁的牌楼

2. 大高玄殿

与这座牌楼一路之隔，也就是现在景山前街北侧，景山西街以西，有一座大高玄殿。原来，故宫西北角楼附近的这座牌楼虽然就在故宫的护城河边上，可与故宫没有关系。这座牌楼是大高玄殿的牌楼。大高玄殿一直不对外开放，我特意来到殿外实地走访。现在大高玄殿的地址是景山西街23号，大门时时紧闭。

◎ 大高玄殿外景

大高玄殿是专供明、清两代皇家御用的道观。它始建于明嘉靖二十一年（1542年）。大高玄殿建筑群坐北朝南。建筑形式多样，自南而北依次为琉璃门、大高玄门、大高玄殿、九天应元雷坛，最后为象征天圆地方的两层阁楼。阁楼上层为乾元阁，下层是坤贞宇，使用了最高等级的重檐庑殿顶五花脊，这是在京城道观中仅有的建筑规制。我曾在陟山门街，也就是北海公园东门到景

◎ 远望阁楼

山公园西门的这条街上，看到临近景山西街，即大高玄殿院落外墙内有一座蓝顶圆形建筑，这就是上文提到的二层阁楼。大高玄殿建筑群建筑规制讲究，当年牌楼就有3座。中华人民共和国成立前，3座牌楼就已被拆除，我们现在看到的牌楼是复建的，考虑到对公共交通的影响，只复建了一座牌楼，牌楼上北面题词为"大德曰生"，南面题词为"乾元资始"。

第四章

颐和园／壮美的四季盛景

第一节　重识壮阔的颐和园

　　对于生在北京、长在北京的我来说，总共游览颐和园的次数却少得可以掰手指数过来，真是不应该如此冷落这风景优美的历史古迹。好在，还是能找到一点点客观原因来宽慰自己：颐和园太远，对于住在城里的人来说，去一次总觉得太兴师动众；颐和园又太大，不要说小时候走不远，就是现在成年了，想用一天的时间把它所有的景点都认真逛逛也不太可能完成。所以，颐和园对我来说，不像城里的北海、景山那么熟悉和亲切，显得有些疏远。

　　大学毕业后，我对颐和园的认识，仅停留在小时候奶奶常常跟我说起的几个名字：谐趣园、长廊、十七孔桥、铜牛。这几个地点是奶奶曾经带我去过的景点，可我对颐和园印象并不深刻，包括这几个奶奶经常提及的地方，我也早不记得它们都是什么样了。还是因为我去颐和园次数太少了，而且小时候我走不远，奶奶腿脚也不是那么方便，所以我对颐和园的全貌没有了解，对其中个别的景点也忘了模样。工作后，好友约我到颐和园游玩，她带我走了西线，而不是小时候常玩的东边长廊一线，我这才第一次见识了西堤，原来我根本不知道颐和园还有这么一处像江南一样美的景致。现在去颐和园之前可以先上官方网站看看，上面有颐和园的全图，还有各个景点的介绍。这可比我小时候便捷多了，提前就能知道景点，也方便设计游玩路线。我小时候还没有网络呢，更不要说官方网站和各种手机应用程序了。从我孩童时期至今，世界的变化真是不小，这也正是发展中的中国发生巨变的时代，这些变化与我们每一个人息息相关，变化渗透到生活中的方方面面，甚至改变了我们一部分生活习惯。

苑囿是以园林为主的皇帝离宫，除了布置园景供帝后游览休息，还包括举行朝贺和处理政务的宫殿以及帝后和宫人们的居住建筑、生活供应建筑与若干庙宇等。到了清朝，苑囿建筑得到空前发展，除西苑外，在北京西北郊区风景优美的地带兴建了著名的圆明园、长春园、万春园、静明园、静宜园、清漪园[1]等[2]。

颐和园位于北京西北郊，全园面积约300万平方米，民国前常人是无缘观赏它的美景的。这里在清代以前就是一处风景名胜。乾隆十五年（1750年），又大规模兴建园林，称为清漪园。咸丰十年（1860年）清漪园几乎被英法侵略军全部破坏，光绪十二年（1886年），清政府挪用水师经费修复此园，到光绪十四年（1888年）完成，基本保持了清漪园的格局，改名颐和园。光绪二十六年（1900年）又被八国联军破坏，光绪二十八年（1902年）修复。中华人民共和国成立后，曾对颐和园进行多次修缮。颐和园在利用建筑布局和体量的不同创造和谐统一的园林效果方面，有较高成就，表现了苑囿的建筑特点。[3]

---

[1]　清漪园为颐和园的旧称。

[2]　刘敦桢：《中国古代建筑史》，中国建筑工业出版社2018年版。

[3]　同[2]。

颐和园是壮阔的，它的面积之大，需要我分东、西两线来游览拍照。即便如此，还有很多地方没有照顾到。颐和园的四季景观更是壮美的，园中的建筑大气又精巧，是中国建筑、北京文化的金名片。小时候不懂得欣赏古迹、美景和其中蕴含的文化内涵，只记得颐和园是个有水（昆明湖）有桥（十七孔桥）有亭（知春亭等亭）的挺漂亮的大花园。不记得小时候是坐几路车再倒几路车，只记得要经过好长时间的长途跋涉才能辗转来到颐和园。北京地铁4号线通车后，在颐和园北宫门设站，我们对颐和园的游览就从公园的北门开启。

第二节 颐和园北门附近的景点

1. 苏州街

进颐和园北门，第一个景点就是苏州街。多年前苏州街恢复开市的时候，我和奶奶去里面逛过，十几年前我和朋友也造访了里面一间间有特色的小店。我原以为苏州街是公园做了景致修复后，为了商业需要而增设的商业街。后来我才了解到，苏州街是一条老街，它自古就是附近有名的商业街区。苏州街原来称为买卖街，是乾隆时期仿江南水乡修建的，为专供清代帝后逛市游览的水街，全长300多米，沿岸设有茶馆、酒楼、首饰铺、点心铺等几十个铺面。苏州街在清咸丰十年（1860年）时被英法联军焚毁，1990年园方在遗址上复建街区，还原了18世纪中国江南的商业文化氛围。

每次经过苏州街，我都喜欢站在桥上向东望望再向西看看，北京的四季美景就在桥两岸上演着，变换着。冬天后湖冻冰了，站在桥上冻手冻脚的，拍照时手都不那么灵活了，冷是严酷决然的，可这也正是北京冬天独有的乐趣。看着冰面上玩冰车儿的孩子和大人们，真替他们高兴，即使我没有下去玩儿却也觉得趣味盎然。颐和园是昔日的皇家园林，当年可不是普通人随便就能来游玩的地方。现在游客能在一条历史老街上嬉戏，欣赏与古人一样的北国风光，体会与古人一样的冰嬉乐趣。要不是人们身上的服饰是现代的，看着冰面上一个一个的人影，就像是清代的人在游戏，好像他们成了流传久远的画卷上的人物。其实，再过若干年，现在的冰嬉图景就是历史中的一瞬，我把这精彩的一瞬、四季的美景都定格在我的画面里。

春天湖冰化开，碧波荡漾，两岸先稀稀疏疏地开出桃花，虽然花又小又少，但盛开的地方总像一小簇粉色礼花，足以让人们感觉到春天的气息和暖意。小桃花看着那么单薄，可只要做好自己，无论多小，开放就是向世人证明

◎ 嬉冰苏州街

了它的存在和它的美好。春桃过后，岸边的各种植物渐渐苏醒了，它们次第泛出新绿。苏州街东侧的北岸还有一小片荷塘，夏天时能远远地欣赏荷花，虽是零星的几朵，却默默地告诉游客，现在正是盛夏时节。秋天时，树叶染上了黄色和红色，这时候的两岸是最有层次感的，丰富的色彩存在于一片树林间，这是安静的冬天来临前的绚烂。

◎ 苏州街的夏天

2. 须弥灵境

　　进入北宫门约5分钟，就可以站在桥上领略苏州街两岸变换的四季美景。可我不能在这停留太多的时间，因为偌大的颐和园，还有很多美丽的景色，而一天的时间实在有限。我走下跨在后湖上的石桥，首先看到一座牌楼，这座牌楼属于须弥灵境建筑群。须弥灵境建筑群北临苏州街，南依四大部洲，始建于乾隆时期，整个建筑区分为3层，第一层松堂的北、东、南三面各有一座牌楼，松堂往南的第二层原建东配殿宝华楼、西配殿法藏楼，第三层建有须弥灵境正殿。须弥灵境是万寿山后山上最大的宗教建筑，是集汉、藏建筑风格于一身的皇家寺院，也是北京皇家寺院建筑中唯一一座仿照西藏桑耶寺建筑的庞大寺院。清咸丰十年（1860年）须弥灵境建筑群的大部分建筑被英法联军

焚毁，光绪年间进行了恢复，现在寺中建筑规模都为光绪年间修复之后的规模。[1]3座牌楼只有慈福牌楼幸免于难，是我们现在还能看到的唯一牌楼。

沿路向北走，在爬上有两三层楼高的有些陡峭的台阶后，来到须弥灵境主殿北。天气好的时候，站在这儿可以望到北面远处高高低低的楼房。这儿的高度肯定没法和万寿山比，也不及景山的万春亭，却也可远眺京城。人只要站在高处向远望，就会有眼界和心胸一起开阔的感觉。眼前的一切显得那么渺小，会觉得自己或者说人类是那么微不足道。我转身向北走进院落，正对的大殿即须弥灵境主殿，称为香岩宗印之阁。

出了须弥灵境主殿向西走，有一座红色佛塔。这座红色佛塔建得很考究，塔身上的浮雕还刻有朵朵莲花图案。因古人有宗教和文化用意而建了这座建筑群，才给我们留下了这样独特的建筑，才让后人有机会了解那时候人们的思想和建筑造诣。这就是历史遗迹能带给人们的厚重之感吧！是文化，是沧桑，是变迁……既有时间的深远，又有文化的广博。建筑是可以传世的，我们看到了古老的建筑就好像回到了那个时代，但遗憾的是，要有更专业的知识和更坚实的思考，才能读懂建造者的心思，我只是常常在这里驻足观景。红色佛塔旁有一株高大的槐树，树干粗壮，树冠硕大，枝繁叶茂，不知道它安静地在这里生长了多少年。这里游人始终不多，幽静中带有些许神秘之感。

每次经过红色佛塔下，我就想当然地认为：中国文化讲究"对称之美"，建筑也是如此，所以我想主殿以东也一定对称地建有一座红色佛塔。事实上，须弥灵境建筑群的确是对称建筑，以香岩宗印之阁为中心，周围建有4座塔。可当我第一次看到东面的绿色佛塔时，我顿生诧异。怎么出来一个不对称的建筑呢？原来，在香岩宗印之阁的4个角上，各建有一座造型不同、颜色各异的

[1]　汪建民、侯伟：《北京的古塔》，学苑出版社2004年版。

◎ 红色佛塔

佛塔。白塔建于主殿的东南角，黑塔位于主殿的西南角，绿塔在主殿的东北角，红塔建在主殿的西北角。这4座藏式佛塔与正中的香岩宗印之阁共同组成佛教密宗的五智。白色塔为天洁塔，黑色塔为吉祥塔，绿色塔为地灵塔，红色塔为皆莲塔。[1]在古都京城之中，古寺古塔众多，建筑规制、布局也都比较高，而这种多色佛塔集中建造还是非常少见的，足见须弥灵境作为皇家寺院的高规格。

还在绿色佛塔下，就能远远地望到东边有几棵枫树。走过一个像小门一样的豁口，下了台阶，就来到这片枫树林下。春天时，枫树长出嫩绿娇小的手形小叶片，它们和着温暖的春风轻轻摇摆。我站在春风中，暖暖的，空气中弥漫

---

[1] 汪建民，侯伟：《北京的古塔》，学苑出版社2004年版。

◎ 绿色佛塔

着春天的气息，带有泥土和花的清香。暖风吹进了衣服，让全身的皮肤也觉得暖暖的，身体里的血液好像也跟着加快了流动。夏天枫树的叶子长成墨绿色，遮天蔽日的，站在树下，一阵风吹过很凉爽。秋天，枫叶最绚丽，有红的、黄的，还有黄绿相间的，映衬在红墙前，肃静中透着活泼，这是一年中最后的绚烂，等到冬天，就只剩下干枯的枫叶挂在枝头，而少了色彩。北京名胜古迹中的枫树常见，北海公园的见春亭、阅古楼旁有，景山公园富览亭旁也有。这些古建旁的枫树，虽然只是不多的几棵，但枫树的形美与古建的精神能恰到好处地契合在一起。在颐和园北山看到的这几棵枫树，依傍高大佛塔生长，又有佛教建筑高墙的庇佑，它们掩映在佛塔前，与眼前的景象融为一体，也带有威严与神秘。我庆幸，在偶然的一次游览中，来到了这片游人稀少的枫树林，在这独有的静谧中，我发现、领略到这里四季变换的美景。枫树位于中间位置，向上，能看到一条上山的小路，小路是可以通向花承阁遗址、善现寺等景点的。山路蜿蜒向上，有"曲径通幽"的感觉，路的一旁有山石堆叠的小山涧，虽没有太高、太陡，可要不小心掉下去，也是非常危险的。本来兴致勃勃的游览雅兴，被小山涧稍稍打断，那么，就不要靠近，远离山涧就远离危险。可山涧里的景色优美，让我迟疑了一下，最后非但没有离山涧远一点，反而更近了。我喜欢从枫树这块再往前走几步，登上路边的假山石往山涧下张望。山涧里有它独特的景色：春天时，枫树开满了黄色的小花，随着阵阵春风，小黄花飘落一地，山路上被黄色覆盖了，山涧里就像是梯田，层层叠叠被黄色点染，就像给山石镶了一条条金边。夏天是满眼的绿色，一层一层高高低低的全是植物，像是给涧里的山石铺上了绿毯子，这里顿时成了绿色的洞府。秋天时树叶变黄，变红，又渐渐落下，路旁的枫树这时最美。冬天山石被白雪覆盖，望去就像一幅水墨画。

◎ 山涧里的春天

◎ 秋天的枫树林

景致近了，危险也近了，我心里其实也有一丝不安，可是为了拍照，又不想放弃，危险一点也要去。这里游人的确不多，让我想起《游褒禅山记》中所述："夫夷以近，则游者众；险以远，则至者少。而世之奇伟、瑰怪，非常之观，常在于险远，而人之所罕至焉，故非有志者不能至也。"我的四

季之旅，游览拍照的路线谈不上险远，但完成这六地四季的记录确需恒心、信心，是靠坚持才完成的。我享受着四季的美景，也曾在枫树林这儿有过惊险的一幕。我拍摄四季美景，都尽量保持同一地点、同一角度、同一景别。从枫树林的位置向下，有一个大斜坡，通往山下。有一年冬天，我在雪后来到这里，冰雪还没有化，我像往常一样，到几个固定拍照的点位取景。登上每次路边的山石，当时心里也有点害怕，万一滑一下，我可就掉到山下了。可不去拍照又不甘心，就是要记录四季的美景，来都来了，怎能不拍就走。登上山石倒还算稳，我迅速地把需要的几个景别和景致拍完。下来就有点麻烦，地上又滑，地势又陡，近处有冰，没有下脚的地方。我想躲开冰面，往远一点踩，右脚先下来，跟着左脚再下来，可重心全移下来的时候，斜坡太滑了，脚不听使唤，我踮着脚尖，紧捯小碎步，想伸手抓住什么，可周围什么都没有，想减慢速度也不行，想停下来更是不可能。我就从这斜坡上一路小跑到了平地上才停下来。现在想想都后怕，斜坡上还有未化的冰呢！没摔着，没磕着胳膊和腿算是万幸了。我定定神，喘口气，往回走到了刚才的枫树旁。我的四季之旅是美好的，可享受美景，可领略四季变换，一切都太美好了，这种小惊险、小刺激算是给美妙之旅添加些特别的回味吧。好在，我的四季摄影之旅大多数时间是安全的。

3. 北山上

如果不向西走看红色佛塔，也不往东走看绿色佛塔和枫树林，我会依山继续往上爬。上山可以走修得规整的石台阶，石阶又高又陡，需要一级一级慢慢走才行。要是觉得陡高的台阶让人望而生畏，又失掉了游玩的趣味，那么，可以从台阶两旁的假山石中上山。穿行在假山石间，容易迷路，不知道一会儿自己会从哪里冒出来，能看到什么样的风景，可这游玩的乐趣就有了，真想呼朋引伴地与人玩捉迷藏。我开始羡慕古人，能把假山堆叠得这样有趣味。山路中的台阶不规则，高低不一，上山小道的走向也是峰回路转，在之中穿行，好像是走在探险的寻宝之路上。也许我们今人在有些方面不如古人，古人能把生活过得这样悠闲有趣味。其实这山上、山下有寺庙，还有佛塔，该是很严肃的场所，北山上的景致却活泼而不失庄重。随着山路上上下下，终于到得高处。这次登得更高了，比刚才香岩宗印之阁前的平台更高，这样可以更好地远望。这里视野更加开阔，看着远方的楼房像微缩景观一样，就更体会到人的渺小，什么事仿佛都成了小事，什么人和事都不值得计较。用"波澜不惊，宠辱皆忘"来形容此刻的心境，比较恰当。登上山，就可以更清楚地看到另外两座佛塔，分别是东边的白色佛塔和西边的黑色佛塔，黑色佛塔外观呈灰色。

◎ 白色佛塔

◎ 黑色佛塔

4. 智慧海

穿过黑色佛塔，继续沿山路向上就来到了智慧海，这是一处著名景点。智

慧海为清乾隆时期修建，建筑屋顶、壁画均用五色琉璃装饰，建筑四周嵌有无量寿佛1000余尊，光绪二十六年（1900年），壁面琉璃佛像遭到八国联军的野蛮破坏。前两年我看到有的佛像被修缮过，有的面目已被毁坏。近两年颐和园启动了对须弥灵境区域的修缮工作，2022年重新开放后，智慧海的佛像已经全部修复完毕。

第三节 丁香谷和宿云檐城关

1. 美丽的丁香谷

坐地铁从北宫门进入颐和园，无论向西去往西堤，还是往东到长廊的西端，总要先绕过万寿山的后山，也就是前面说的北山。山下有一条小路，冬天时小路两旁有一树树的干枝，我并不知道这是什么植物。待到每年的3月下旬，一串串紫色的花蕾缀满了枝头，原来它们是丁香！有的像粉紫色的小拳头一样还含苞待放，有的已经伸展开了四个花瓣。小时候听人说，要是能找到三瓣的丁香花便会幸运，我低头仔细地找寻半天却没有找到。虽然没有得到幸运，但我还是欣喜的，能投入丁香花海的怀抱中已经是幸运的，一簇簇小花组成紫色的海，像紫雾一样迷离梦幻，还飘荡着清幽的香气，我把这里叫作"丁香谷"。

最初的丁香还三两株立于路旁，再往前走，路两侧的丁香花一株挨一株，而且它们长得很高，能有一两层楼高。春天时，绿叶中拥着一簇簇紫色花蕾，

◎ 丁香谷

是这里最漂亮的时节。夏天时，丁香的树枝和树叶在路中间交汇，密实的丁香叶像是撑起了小伞，为游人遮挡阳光。秋天时大片的丁香叶由绿转黄，再变成红棕色，最后纷纷飘落。冬天时，就剩下棕褐色的枝条随风摆动，这时是这里最亮堂的时候。丁香谷的尽头有一个可供游人休息的亭子。古香古色的小木亭掩映在淡紫色的丁香里，就像一幅清雅的山水画。是否有皇帝后妃曾在亭子里饮茶作诗？似乎只有古人才有路边吟诗的雅兴和才情，他们更能充分观察山间的美景，更能领悟大自然的美丽和灵性。现代人也许是太忙了，忙得与这美景有了隔阂。比如我，只是在赏景，而古人却能与山水美景融在一起。你看古代的画作，高山流水旁，亭中人对饮茶酒，作诗聊天，下棋对弈，他们就是美景中不可缺少的一部分，他们是画中最传神的点睛之笔。

2. 丁香花

我住的小区有不少株丁香花，春天时节，香气怡人，淡紫色的丁香瀑布遍布楼间。前面北海公园、景山公园也都有丁香，我并没有多用笔墨写，就是特意要留在颐和园的丁香谷来写。丁香，为木犀科丁香属落叶灌木或小乔木，因花细长如钉且香故名"丁香"。丁香在我国有1000多年的栽培历史。民间传说，在汉代称丁香为鸡舌香，用于口含。丁香还是一味中药材，《本草纲目》中记载丁香止小儿吐泻。丁香花多且成簇开放，好像"结"，所以丁香又被称为"百结花"。我国古代诗人多以丁香写愁，比如唐朝李商隐《代赠》中"芭蕉不展丁香结，同向春风各自愁"。还有五代时期冯延巳《醉花间》中"霜树尽空枝，肠断丁香结"。在写丁香的诗中，我最喜欢现代诗人戴望舒先生的《雨巷》。诗中描写了寂寥的雨巷和一位像丁香一样的结着愁怨的姑娘。他写到"她是有丁香一样的颜色、丁香一样的芬芳、丁香一样的忧愁……像梦一般的凄婉迷茫……"这首诗画面感极强，更把丁香花的颜色、样态、含义，巧妙地与一个美丽的姑娘结合起来。再看丁香花时，望着紫色花海，我就会想起戴望舒先生的《雨巷》，也许，会有一个紫色的丁香仙子走来呢！春天油绿的心形叶片间的簇簇紫色丁香花蕾，除了赏心悦目还有这么多含义和传说，这令我对丁香更有好感，也为自己的无知而汗颜。这正是我四季之旅的意外收获，我开始关注和学习植物学、建筑学、历史文化等多方面的知识。

3. 宿云檐城关

穿过丁香谷，来到一个像古代城门似的一处关隘，正是宿云檐城关。灰色的城墙之上有一座重檐小亭子，古色古香。宿云檐城关始建于清乾隆年间，城上原来建有小楼，内供关羽银铸塑像，咸丰十年（1860年）被英法联军掠走。光绪年间重修颐和园时改为亭式建筑，塑像也改为了关帝牌位。虽然复建后的

◎ 宿云檐城关

宿云檐城关没有原来的规模宏大，但仍然很有特色。

宿云檐城关前有棵高大的树木，每年发芽很晚。3月，柳树发芽了，早桃花也都谢了，可这棵大树还像冬天一样，枝条干枯没有一丝颜色，一点发芽的迹象也没有，甚至让人误以为它是不是死了。等到4月中下旬，终于抽出不到一寸的小芽，证明它还活着，但是芽叶太小了，以致拍照出来都不太明显。好在赶上了5月初夏的温暖，好像一下子树叶就挂满了枝头，树冠硕大，是一棵健壮的大树呢。然而，它的景观期要比别的树短。每年一进10月，正是北京美丽的金秋时节，银杏的黄叶、枫树的红叶正惹人追逐时，这棵树的叶子就匆匆掉落，拍它的四季景象，在时间把握上还真有难度呢！我一直猜这树是不是榕树。首先看叶片有点像，再有它怕冷，发芽晚，又每年早早过冬，所以我猜想它没准是南方的树种。

它到底是什么树呢？困惑了几年，直到一年的8月下旬，我刚巧来到这棵树下，瞧瞧它有点显得干枯的棕色树皮，再看看深绿色的叶子，正琢磨着它是什么树的时候，这树上居然结出了颗颗或红或绿的大枣！天啊，它原来是枣树！公园里居然有果树，还就种在这人流密集的路旁，让人欣喜又意外。如果树上没有结枣，从它树皮和树叶的形状，真没看出它是枣树。姥姥家的院子里至今有棵大枣树，宿云檐城关的枣树，从树叶的形状、树皮的样态都与我曾经见到的枣树不同。要不是它的确结了枣，谁能想到它是枣树呢！枣已挂树，只可惜树太高没法伸手够到，周围又找不到合适的器械，我只好作罢，不然我定要摘一个尝尝，比比和小时候在姥姥家吃的枣有什么不同。

4. 半壁桥

从宿云檐城关去往西堤要过桥，现在这里蜿蜒有两座石桥，它们跨在后湖之上，既美观又实用。两座桥中，西面的桥显得有些低矮陈旧，颜色发灰，东面的桥是后期修建的，白色的桥栏杆显得更漂亮，它们是半壁桥和半壁新桥。岸边有一棵棵柳树，春天时这里景致很美，可等你看过西堤的柳树，就不会再留恋这里的柳树。站在半壁桥上，可以望见西堤，我已经迫不及待地打算开始西堤之旅了。

第四节　西堤

1. 西堤概说

在大学毕业前我没游览过西堤，我甚至都不知道颐和园还有西堤这一蜿蜒在昆明湖之上的江南风情美景。而当我走过这里一次，就爱上了这里——西堤遍植桃柳，春天时节柳绿桃红，春和景明，不枉"北国江南"之称。这里不仅春光美，夏天的荷花也是整个园子的亮点，冬天湖水结冰，堤岸像是镜子的相框，把湖水凝结在里面，西堤的四季都有它的趣味。

西堤是仿杭州西湖苏堤而建，从北向南依次建有界湖桥、豳风桥、玉带桥、镜桥、练桥、柳桥6座样式各异的桥；在柳桥和练桥之间还有一座"景明楼"，是取范仲淹《岳阳楼记》中"春和景明，波澜不惊"而命名的。游览北京的名胜古迹，不仅是美景之旅，更是文化之旅，是精神上的饕餮盛宴。在欣赏风景的同时，有历史故事可探寻，有文化内涵可体味，仅仅听这些楼宇、庙阁、亭桥的名字都那么富有诗意。游览中能向古人、向我们灿烂悠久的传统文化学习的地方太多了：古文、建筑、宗教、礼仪……总之，不仅能饱眼福，更能调动各感官，充分体悟文化的精髓，提高文化修养。游览观景时，心情是欣喜的，欣然地享受眼前的美景，同时又能沉静下来，感受和体悟美景中蕴含的文化深意。这是我四季之旅的一大收获，是我热爱北京古迹，喜爱游览北京名胜古迹的一大原因。

2. 界湖桥

我惊诧于西堤的春色，远远就望见西堤垂柳依依。从西堤北端开始，第一座桥是界湖桥，桥因处于内外湖的分界处而得名。它始建于乾隆年间，可惜桥亭毁于咸丰十年（1860年）英法联军之劫。后来对桥进行了修复，桥体保留了，可惜亭子却不见了。好吧，没有亭子就算让我们视野更开阔吧。下了界湖桥我认为是观赏西堤垂柳的最佳地点，西堤蜿蜒在中间，两边都有水，临水都植有垂柳。3月中下旬，泛着淡淡黄色的娇嫩柳芽翻卷在柳条上，柳枝羞答答地低垂着，春风拂来，柳条轻轻荡漾在西堤的湖面上，明媚的阳光下，水面波光粼粼。

淡蓝色的天空中飘着朵朵白云，像棉花糖一样松松散散的，与嫩绿的柳枝一起倒映在湖水中。如果飘来几片阴云，阳光被遮挡，景色暗下来，等乌云飘过，太阳又露出来，照亮了整个大地，原来是大自然在为你展现光影之美。眼前的一切是静谧的美、和谐的美。生长在悄然中有条不紊地进行着，看着俏皮的柳条在眼前安静地生长，恬静下是呼之欲出的生命活力。积攒了一个冬天的能量蓄势待发，春的气息扑面而来。西堤岸东是广阔的昆明湖面，岸西的湖水很静，像是一个池塘，趣味和活力更多。西堤的柳与堤岸呼应，更加妩媚柔美，很有几分江南春天的模样。

3月的春桃，有的是粉嫩嫩的，像鼓槌，又像小拳头一样在紫红色花萼中

◎ 西堤的柳树

承托着的花苞，有的已经呼朋引伴地开在了绿绿的湖水之上。桃花是蓝天、白云、嫩柳、绿水中最美的一抹色彩。西堤有6座桥，只刚刚看了一座，就因为这里的垂柳和春桃，在我心里已经把西堤定为北京春天最美的地方。人世间竟然还有这么美的景观，用现在的话说，这里的景色"太治愈了"！其实，人世间就是这般美好，只是，她的美好常常被忙碌的我们忽视了。

3. 豳风桥

从北边数第二座桥是豳风桥。我知识浅薄，积累尚少，之前并不认识"豳"字，当时大概一看就误认为是幽默的幽，后来细看，才发现豳和幽写法不同，读音不同，意思当然也不同。豳字其实早在《诗经》中就出现了，"豳风"取自我国第一部诗歌总集《诗经》，其中反映古代劳动人民农业生活的作品——《豳风·七月》。清漪园时期这座桥叫桑苎桥，清朝光绪时期为避咸丰帝（奕詝）的名讳，改为豳风桥。以"桑苎"或"豳风"为桥名都是为了表明帝王对农桑的重视。豳风桥景色非常优美，桥上的亭子是西堤几座亭子中最大的，呈长方形。从哪个角度看豳风桥都很精致。上桥来到亭中，东面是碧波万顷的昆明湖，湖的北面是万寿山和佛香阁。下桥来，有几株桃树。早春，它们三三两两地开花了，更多的还是像胖胖的小鼓槌一样的粉色或白色花苞，静待开放。这时，无论你怎么拍照，它们调皮地伸展着枝枝杈杈，帮你丰富构图。它们是拍照时最美的"前景"。

◎ 望佛香阁

　　如果绕到豳风桥的西侧，就能观赏到长方形亭的全貌。从豳风桥往西还有耕织图景区，我没有去逛过那里，据去过的朋友说，耕织图景区在每年的春节前后会举办蜡梅展，遗憾的是我还没有参观过，香山卧佛寺的蜡梅我是细细观赏拍照过。蜡梅明黄的花瓣，浓郁怡人的香气，值得我们在寒冷的冬季去欣赏。因为有从耕织图景区延伸过来的路，豳风桥相当于在几处水、路的交会处，更有江南水乡的风光。特别是在春天，恰有"春来江水绿如蓝"之感。什么是景色宜人，什么是令人陶醉，我想就是西堤的春色吧！它的美难于形容，难以言表，只等您来静静观赏。

◎ 豳风桥

　　从豳风桥沿路向南走不远，有一处人气颇旺的地方，每到春天这里还会吸引很多小朋友来玩，正是"野鸭岛和天鹅湖"。这个地名是我起的，芦苇荡里是黑天鹅和野鸭的栖息地，湖边有一处人工搭建的木房子，有工作人员定时投喂食物。我看见过黑天鹅夫妇带着两只灰色绒毛的天鹅宝宝，悠闲地在这里觅食。它们时而在岸上休息，时而在水中游弋，看着它们自在惬意地玩耍，让人们心情放松不少。
夏天时，柳树被晒
得有些无精打采，
好在这时有荷花和
睡莲可以欣赏，莲
叶浮在水面上，让
我立刻想起"莲叶
荷田田"的诗句。
秋天湖面上的苇子
成了金黄色，天鹅
悠然地在静静的
水面上游着，给萧
索的景象增添了活
力。两只灰茸茸个

◎ 颐和园的黑天鹅

头还小的天鹅宝宝，到了秋天已经有了和父母一样美丽的黑色羽毛。冬天湖水
大部分都冻冰了，天鹅们找到尚未冻住的地方游泳，看来它们不怕冷。我还看
到过一对黑天鹅面对面地浮在昆明湖之上，它们细细的脖颈弯弯地凑在一起，
刚好组成一个心形，构成一幅温暖的冬日美景。人们爱它们，喜欢给它们拍
照，但不会私自喂它们，不会惊扰它们。人与天鹅之间一派和谐，湖水、芦
苇、人工的小木屋，也是一派温馨。2019年春天我去时，奇怪小木屋怎么不
见了，周围的知情人告诉我，原来的小木屋坏了，工作人员正在为黑天鹅修
建新的家园。等再去看，天鹅的新家园已经修好了。这里是全园最有生命活
力的地方。颐和园充满了建筑之美和植物之美，这些美是静态的，而这些小
动物是动态的美，它们给壮美的颐和园美景增添了些许灵气！

4. 玉带桥

玉带桥是西堤北端的第三座桥，建造于乾隆年间，桥形像是昆明湖上的一弯彩虹。上下这种桥有些艰难，让腿脚不利索的人有点望而却步。可也正是因为这个高大的拱形，才得以让游船通过，也让拍照的角度多了选择。当年帝后乘船从清漪园到玉泉山都会行经此桥。过了玉带桥，西堤就拐了一个弯儿，向东南方向迤逦而去。在幽风桥时还是从侧面望万寿山、佛香阁，到玉带桥时，已经来到了佛香阁的正南方向。在玉带桥还可以向东望到昆明湖上的南湖岛，不过，因为角度的问题，这时还看不到十七孔桥。

◎ 玉带桥

5. 镜桥

镜桥是我们来到的第四座桥，它始建于乾隆年间，光绪时重建。桥名出自唐代诗人李白"两水夹明镜，双桥落彩虹"的诗句。镜桥前的桃花娇艳欲滴，无论是含苞待放还是竞相开放的桃花与小亭、小桥在一起，是颐和园独有的景色。粉如霞、白如雪的桃花静静地开在亭和桥旁，古建的庄重与沉稳，衬托着桃花的活力与青春。这古老与现代的组合没有一丝跳脱或唐突。这不是随意的组合，而是带给游人最美的景致、最好的体验。谁说桃花太娇媚而轻佻？谁说桃花太普通而俗气？开在古建边上的桃花别有一番韵味，它们是古建沉闷中恰

◎ 镜桥

到好处的点染，它们丰富着色彩，点缀出活力。古建给花以韵味，花给古建以灵动。白色的桃花圣洁素雅，粉色的桃花柔美中带着力量，它们和各式的亭桥组成了一幅春日优雅画卷。

6. 练桥

练桥是西堤上从北面数起的第五座桥，始建于乾隆年间，光绪时重建。桥上建有四角重檐桥亭。过了练桥，就能更清晰地看到十七孔桥。春天时，桃花和十七孔桥组成了只有在颐和园才能欣赏到的美景，让这里成了春天时的网红打卡地。春天风多，昆明湖蓝绿的湖水，被掀起层层涟漪，一浪推着一浪拍打着岸边的岩石，发出汩汩的声响。要是到了冬天，湖水冻冰，一切就变得静悄悄。

7. 景明楼

西堤上除桥亭外，还有唯一一处楼，即"景明楼"。它位于练桥和柳桥之间，始建于乾隆年间，是西堤最广阔的一处建筑群。清咸丰十年（1860年）这里被英法联军焚毁，1992年复建，让游人得以观看这一难得的景致。站在景明楼前向西望，昆明湖湖水广阔，春天偶尔游过两只小鸭子。夏天来这里看荷花，是特别美的景色和体验。

8. 柳桥

西堤从北数第六座桥也是最后一座桥，即柳桥，始建于乾隆年间，光绪时重建。桥名取自"柳桥晴有絮"的诗句。柳桥上的亭子外观与练桥颇为相似，这里不再赘述，只等您来亲自观赏。

春天一定要到西堤看一看。春和景明时节，远看西堤，游人、垂柳、桃花倒映在湖面上，有杭州西湖烟波浩渺的空灵感。走进西堤，我们就融在了两岸的美景里，好像暂时忘却了烦恼忧愁，可以像小孩子一样开心地玩耍，享受快乐与放松。西堤还有荷花，夏天时可以坐上摇橹的小船观赏，偶尔还能碰见一同游览的小鸭子。秋天一树的金黄给人以成熟稳重的踏实感，西堤依然有它的美。谁说冬天的西堤景色少？要是赶上下雪，一个个红色的古亭上面覆盖着白雪，红白相间的强烈视觉对比，给人的美感是中国建筑古典美所独有的，这种美让你肃然起敬，红色古亭蕴含的美是中国传统文化的一个小小缩影，也是古都北京的特色。眼前的古香古色的美景更让你感叹着时空的变化，好像穿越回古代，我们欣赏着当年古人也欣赏的景致。雪中的西堤宛如一条银龙蜿蜒伸向远方，银龙的铠甲下，亮丽的红色脚爪正是稳坐于湖面上的6座亭桥，它们的颜色是白雪世界中最醒目的颜色。来西堤，享受生活一年四季的美好吧！

9. 凤凰墩

　　西堤从北到南6座桥和一座楼到现在都游览完毕，再往前走，就出了西堤。如果出西堤往东南方向走，就到了颐和园的南如意门，而恰恰在这时我发现在柳桥的东南方向还有一个小岛，岛上植有柳树，还有一座小亭子。所以我把它放在了"西堤"一节里。和颐和园众多高大精美的建筑还有西堤上的各亭桥比，这个小岛简直就是微缩版的景色，太不起眼了。它一年四季孤零零地站在那里，四周被昆明湖的湖水包围。我没有看到景区附近有关于它的介绍，甚至连它的名字都一直不知道。这次写作四季故事我才从颐和园的网站上了解到，它有一个好听的名字，叫"凤凰墩"。查阅文献资料后才发现它的传说故事的版本还真不少。

　　有一种说法，南湖岛上的龙王庙是原有的，而凤凰墩是后来增加的。因

为龙与凤是封建皇帝与皇后的象征。万寿山坐北朝南，北为上。因此在龙王庙之南修建凤凰墩，恰好就构成北龙南凤的布局，有龙凤呈祥的寓意。还有传说颐和园凤凰墩的修建与清朝乾隆皇帝有关。相传凤凰墩是仿无锡运河中的黄埠墩而建，黄埠墩四面临水，小岛内建有寺庙，乾隆侍奉太后路过这里，恰遇太后偶感风寒，经寺中方丈施药相治，身体康复。乾隆回京后，令人在昆明湖中修建凤凰墩，并在墩上建两层会波楼，楼内供佛，楼顶安一镀金铜凤凰，故名凤凰墩。我认为这第二个传说有合理的地方，黄埠墩至今立于江苏省无锡市古芙蓉湖中心，它的外形的确与凤凰墩很像。同时，黄埠墩早在春秋战国时期就存在了，清朝康熙帝、乾隆帝南巡都曾在黄埠墩停留观赏，所以清朝时期仿黄埠墩而建凤凰墩有其合理性。但就现在我们见到凤凰墩的面积来看，在其上建二层楼不太可能，因为现在凤凰墩面积太小了。如果我们现在看到的凤凰墩是历史遗迹，而不是后来复建的，那么墩上建楼就不一定是事实。若是原来的凤凰墩遗迹曾被破坏，我们现在看到的是复建的凤凰墩，它面积比原来的面积缩小，那么原来墩上建楼就有可能。

关于凤凰墩最离奇、最有神话色彩的传说，则是与八仙之一的韩湘子有关。无论哪种传说，基本一致的意见是凤凰墩为乾隆皇帝时期修建。毕竟整个颐和园最初就是乾隆时期修建的，所以，凤凰墩修建在乾隆时期也合理。但究竟是什么原因修建的，就需要了解关于颐和园更细致的历史资料和故事。我非常希望有机会再去细细地了解这些历史故事。我想，如果朋友们也愿意在游览的同时更多地关注美景背后的历史故事，那么我们的游览会更有深意。这些故事也好，传说也罢，正是文化的一部分。我们只有更多地了解，才能更好地保护和传承古都北京乃至中国的遗产和文化。

◎ 凤凰墩 春

◎ 凤凰墩 冬

第五节　石舫及附近的景观

1. 游船码头

写作比实地探访当然更快速便捷，现实中可能要走上一个小时或更长时间，纸上只需寥寥几字，我们已经从西堤最南端回到了刚才的宿云檐城关。现在我们该向南再向东，游览长廊一线了。在宿云檐城关下，有一个小型游船码头，从这里乘上大船可以在昆明湖上游览，有的路线终点设在东堤廓如亭附近，还有的去往其他码头。沿着码头的木栈桥走，春天时可以遥望西堤的垂柳。这条路其实是从宿云檐城关出发去长廊的一处小路。别看是小路，正好能多看几处景点。这里有一个小湖，冬天就成了存放游船的地方，夏天小船都在昆明湖上往来频繁，小湖并不冷清，瞬间变成了荷塘。湖的东面是临河殿，湖西面分别有澄怀阁和迎旭楼两座古香古色的木制建筑。

2. 澄怀阁与迎旭楼

下了木栈桥先看到的一座木制的二层小楼为澄怀阁。阁前有一大棵白玉兰树，3月时，大朵大朵洁白素雅的玉兰在澄怀阁棕色木制小楼前盛放。到了4月繁花已谢，长满了绿叶的玉兰树掩映在古老的楼前依然美丽。再往前走是迎旭楼，它是与澄怀阁外观、建置非常像的一座木制二层小楼。原来这两座楼都可观景，现在它们作为茶楼不定期对外开放。在澄怀阁与迎旭楼东边的空地上有几棵大银杏树，秋天这里人气最旺，银杏一树金黄，充分享受着一年一次的绚烂与华丽。每个叶片都是金黄色的，像小元宝一样，又像随风摇曳的风铃。甬道和草坪上像铺了一层金色的地毯，游人捡起地上一片片金色的叶子，有的拿在手里拍照，有的夹在了书里。以前，我也有过银杏叶做的书签。

◎ 银杏树

3. 荇桥

刚刚我们在宿云檐城关下，走木栈桥多看了几个景点，现在要穿过荇桥，回归到主路上，即将开始新的长廊之旅。荇桥始建于乾隆年间，桥亭毁于咸丰十年（1860年）英法联军之手，光绪年间重建。荇桥桥名出自《诗经》"参差荇菜，左右采之"。荇桥的荇字，最初我主观就认为读"xíng"，后来查字典才知道，它读"xìng"。《诗经》中的荇菜叫菜，可它不是菜，而是一种水生草本植物。荇菜叶片形似睡莲的叶子，绿绿的、圆圆的，浮在水面上，小巧别致，开鲜黄色小花朵，也像睡莲一样，浮在叶间或水面上。荇菜的茎叶可以吃，全草可以入药，民间还有用荇菜和绿豆熬粥的吃法。《诗经》里都记录了荇菜，说明它的种植历史可是不短了，我估计它是一种古生植物，可能已经灭绝，现在就见不到了吧。资料显示，荇菜从古代一直流传下来，现在还有种植

◎ 荇菜

的，它是庭院点缀水景的佳品。可荇菜到底长什么样呢？我有幸在颐和园长廊留佳亭以北的小湖里看到了古老的荇菜。这个小湖，春秋季节湖面静静的，只有在夏天时，我发现了湖面上有碧绿的圆形叶片，还开着一朵朵娇小艳丽的黄色花朵，说实在的，拍照时我并不知道这就是历史悠久的荇菜。

荇桥东西各有3间四柱牌楼一座，上有乾隆皇帝手书对于荇桥景色的描写：东侧牌楼题"蔚翠""霏香"，西侧牌楼题"烟屿""云岩"。桥两侧石台上各有一对雕工精巧的石兽，一对朝北，一对朝南，它们与荇桥相对，威严有气势，还有几分可爱。

◎ 荇桥

4. 清晏舫

还没下荇桥，就看到一条巨大的石船，正是石舫。石舫，长36米，初建时

为中式舱楼，咸丰十年（1860年）被英法联军烧毁，光绪时期重建改为洋式舱楼，命名为"清晏舫"。不过，我还是习惯叫它石舫，因为我从小就听奶奶叫它石舫。小时候，每次奶奶带我来长廊玩，必然要看看这只"大石船"，我惊讶于古代能工巧匠的技术精巧，他们是如何把巨大、沉重的石头变成这样一只精美的大船，而且雕刻得那么精细？我也一直疑惑，昆明湖水竟然有这么大力量，能承托住这样一只庞大的石船。这样的杰作，恐怕只有在北京，在颐和园这座皇家园林博物馆得以饱览！

◎ 石舫

第六节　长廊

1. 长廊简说

前文我们走宿云檐城关下的木桥小路，穿荇桥到石舫。如果不走木桥，可以直接从宿云檐城关走主路到石舫。这里的主路还要多说一句，虽然它不长，却有"小苏州街"之称，街两边曾经铺面林立，现在这里也有商业设施，供游人休憩。石舫向东约50米，即是石丈亭，从这里起，我们开始了真正的长廊之旅。

我小时候对长廊的印象并不深，也不记得它到底有多长，倒是长廊的彩绘故事让我印象深刻。长廊的顶上画着精美的彩绘，一段彩绘就是一个故事，有古代传说故事、《三国演义》故事、《水浒传》故事、《红楼梦》故事、《西游记》故事、《聊斋》故事等，这些故事我只是从小听奶奶说，并没有去长廊欣赏和考证。后来《北京晚报》的副刊连载过颐和园长廊彩绘故事，奶奶认真地把每一次刊载的故事都剪下来，结集在一起做成简报。记得搬家以后我还看

见过这一沓简报，可惜纸已经皱皱巴巴，报纸的颜色也变成了棕黄色。我工作以后和朋友去颐和园游览，特意买了两副扑克牌给奶奶，一副牌的正面是颐和园景点介绍，另外一副就是长廊彩绘故事介绍。再后来，颐和园的长廊故事出了日历，这是很好的文创产品，能让更多的朋友了解长廊上所绘的历史故事。现在，当我真的来到了长廊之上，坐在绿色的木廊上眺望昆明湖，再靠在木柱上，以一间间伸向远方而看不到头的长廊做背景，自拍一张，我更要好好看看长廊，还有它美丽的彩绘故事。

长廊始建于乾隆十五年（1750年），光绪时期重建，东起邀月门，西至石丈亭，共273间，全长728米，枋梁上绘有人物、山水、花鸟等各种彩画，是中国古典园林中最长的游廊。长廊中间建有象征四季的4座八角重檐亭，西边两座亭是清遥亭、秋水亭，东边两座亭是留佳亭、寄澜亭。

◎ 颐和园长廊

2. 长廊西段

我从石舫过来，是从长廊的西端开始游览，先到石丈亭。石丈亭建于乾隆十八年（1753年），光绪时期重修，是一座由15间建筑组成的院落。石丈亭庭院正中屹立着一块珍贵的太湖石，高4米，宽1.5米，它充分体现了太湖石"瘦、皱、漏、透"的特色。太湖石四字诀是北宋书法家米芾先生在相石方面首创的，是评鉴太湖石审美标准的理论。"瘦"指石身苗条有骨气；"皱"指石身有节奏之变化；"漏"指石孔上下窍相通；"透"指玲珑剔透多孔洞，外形飞舞多姿。石丈亭的这块珍贵的南太湖石，完备地体现出米芾创论的绝妙。[1]石丈亭现被改造为商业设施，供游人小憩，园内的太湖石保存完好，您若来到石丈亭，别忘了来看看这块难得一见的巨石。

◎ 石丈亭太湖石

---

[1] 贾珺：《北京赏石与盆景》，清华大学出版社2020年版。

　　过了石丈亭，沿着长廊没走多远，就到了清遥亭。原来抬头望长廊上的彩绘，除了赞叹其精美，却不能明白它绘画的内涵故事，这次通过查阅资料，我才略知一二：清遥亭南面匾额"清遥亭"，北面"斧藻群言"。在清遥亭至石丈亭外檐南侧的长廊上，画有一男子背一白发婆婆，这个长廊故事是《背母进山》，这个故事出自《左传·僖公廿四年》。[1]看着日历上的这些介绍，我想最好的游览方式，就是我拿着这些介绍，一间间地走，对照长廊上的彩绘故事。这样多年的疑惑就渐渐解开了，再也不用迷迷糊糊地逛长廊了。清遥亭的北面还有一个景点是听鹂馆。听鹂馆原来是戏台，在德和园大戏楼建成以前，慈禧经常在听鹂馆看戏小酌。现在听鹂馆成为中国宫廷菜系饭庄。

　　清遥亭往东的下一个亭子是秋水亭。秋水亭，南面悬挂匾额"秋水亭"，北面悬挂"三秀分荣"。[2]其实，在秋水亭和清遥亭之间，临近水边，还有一座稍大的建筑，是鱼藻轩。鱼藻轩面阔三间，歇山式顶，外檐南挂匾额"鱼藻轩"，内檐挂"芳风咏时"。[3]在这里可以稍坐片刻，望望广阔的昆明湖，它的赏景功用没有变，古人也在鱼藻轩休息和观景。有一次，我坐在鱼藻轩一边望湖景一边吃面包，忽地一声，不知道从哪儿飞来了一只小麻雀，落在离我脚尖不到3厘米的地方。它快速准确地叼起我掉在地上的一小块面包渣，迅速起身飞到了对面栏杆下的排水口里，看来这路线它是十分熟悉的。没想到过了一小会儿，小麻雀从里面又飞出来，看样子它已经把面包渣吃完了，飞到我附近看了看，然后又飞到我旁边的游客那边找寻了一下，我猜它是打算再来点什么。不光是颐和园，在北海等很多公园里，小麻雀或其他小动物如今的胆子越来越大，它们不怕人，甚至会主动和游人要吃的。

[1] 北京市颐和园管理处：《颐和园日历长廊彩画》，文物出版社2020年版。
[2] 同[1]。
[3] 同[1]。

3. 佛香阁

经过秋水亭，我来到了排云门外，也就是万寿山脚下。这里是长廊的中心，到这里长廊并没有中断，豁然开朗处是排云门。我小的时候爬过万寿山，也到过佛香阁，这两个名字都是多次听奶奶说起过的，都是颐和园知名的景点。2021年夏天，我再一次登上万寿山，我已经有20年没再上过万寿山。20年，对于一个人来说，已经是不短的一段生命历程，可20年，在这几百年的历史遗迹前，又能算得了什么呢？这就是我们人类的局限吧！我一边走，一边看，寻找着还有哪些场景能唤起小时候的记忆。做了记者，即使在工作之余，我也习惯了观察和记录。虽然我的拍摄并不专业，可只要看到不同寻常的建筑、植物，我都要拍下来，然后再去查阅资料，了解它们的相关知识。北京众多的历史古迹，值得我们深度游览，去探寻它们蕴含的文化深意。

万寿山为燕山余脉，明弘治七年（1494年），在山前建圆静寺。清乾隆十五年（1750年）为庆祝皇太后六十寿辰，在圆静寺旧址上改建大报恩延寿寺，后将山改名万寿山。乾隆时期依山而建的建筑群绝大部分在咸丰十年（1860年）被英法联军烧毁，现存建筑大多是光绪年间重新建造的。佛香阁是颐和园全园的构图中心，从山脚下的"云辉玉宇"牌楼，经排云门、排云殿、德晖殿到佛香阁，形成一条层层上升的中轴线。佛香阁内供奉有铜胎镏金千手观世音菩萨站像，像高5米，重万斤，为明万历年间所造，有极高的文物和艺术价值。

当我再次来到佛香阁，最吸引我的是登高远眺。登景山公园的万春亭可以远眺故宫，景山在北京城的中心，四面建筑密集，只有西面的白塔下有北海一小片水域。站在佛香阁上首先看到的是宽阔的昆明湖，在北京的名胜古迹中，能放眼望到这么广阔的水域，恐怕只有佛香阁了。往南看有南湖岛，还可以望到十七孔桥，夏天时昆明湖上船只往来不断，冬天嬉冰的人们欢乐地享受着北

国风光的乐趣。向西南可以望到蜿蜒的西堤，再往西看有西山，还有宝塔。向东，城市的建筑延伸到远方，根本望不到头，曾经高大的建筑现在渺小得像一块块堆在一起的积木。我找寻着我熟悉的建筑，个子细高上面有个方脑袋像话筒一样的建筑，是苏州桥北京电视台，向东不远能望到中国尊，那下面是北京电视台的新址。它们刚好横跨北京的东西三环，如果在路上，这两个建筑间开车还要走上一段时间，现在看好像它们是邻居。从当年的学习、采访，到现在的观察、写作，这两座建筑里的多位老师给了我很多指导和帮助。这里有众多老师同人奋斗的回忆，也有我曾经日夜忙碌的身影。时光，就这样一天天，又一年年过去。现在登高与原来登高景致相似，可心境和感悟却大不同，因为历练，我收获了成长。在这么多连成片的建筑中，这两个建筑从众多的建筑中脱颖而出，因为，我和它们最熟悉和亲切。

◎ 在佛香阁远望

◎ 望佛香阁

4. 铜亭

在登上佛香阁之前，让我们先往西走走，这里藏着一座精美独特的全部用铜建造的建筑物，即宝云阁铜殿，也被人们叫作铜亭。铜亭高约7米，重约200吨，亭下是一个汉白玉雕砌的须弥座。外形仿照木结构亭子的样式，重檐歇山顶。铜亭内原有佛像，咸丰十年（1860年）英法联军把亭内的陈设掳掠一空，铜制门窗也遭到严重破坏。铜亭建筑精巧，而且是非常罕见的全部用铜建造的亭式建筑，它的梁、柱、斗拱是铜铸的，屋顶椽子上的花纹也都是铜的。铜亭四角，还都垂有铜铃。古代的能工巧匠，不但能建木亭，居然还能把坚硬的铜，做成如此细致考究的亭子，甚至不仔细看根本看不出这座亭子是铜做的，让人由衷佩服赞叹。现在这里不对游人开放，我们只能远观，待到上了佛香阁后，登高望铜亭观赏效果更好。

◎ 颐和园铜亭

5. 长廊东段

从佛香阁、万寿山下来，出了排云门继续向东，先到寄澜亭，然后经过对鸥舫，到留佳亭。寄澜亭的匾额挂在南侧，北侧悬挂"华阁缘云"，西侧为"烟霞天成"，东侧为"夕云凝紫"。光看这几个字，就非常敬佩古人的才情，再从优美、细腻的语言中品味蕴含的意境更是一种享受。身处长廊之上，两旁有山有水，有古建，这种游赏、探寻的乐趣早已被古人精妙地概括了。继续在长廊上漫步，抬头望着精美的绘画，寄澜亭与对鸥舫之间的长廊故事有《闹春图》，有取自《西游记》中的《三打白骨精》，还有《红楼梦》中的《宝钗扑蝶》等。对鸥舫是长廊东部的水榭，与西部的鱼藻轩对称，乾隆皇帝曾有同名御制诗《对鸥舫》。现在对鸥舫作为一处商亭，售卖食品和水，供往来的游客补给和休息。对鸥舫与留佳亭之间的长廊彩绘故事有出自《三国演义》的"猛张飞智取瓦口关"，有周敦颐的《爱莲说》，还有《东坡先生夜游承恩寺》等。对鸥舫东是留佳亭，名字代表向往春天，有留住佳期、留住佳景之意。过了留佳亭，再向东不远，就到了邀月门，这里是长廊的东端起点，与西端的石丈亭对称。邀月门的名字来自李白"举杯邀明月，对影成三人"诗句。据说，在中秋节期间，月光能照到邀月门内。邀月门迎风板上绘制的是杭州西湖的全景图，暗喻颐和园是仿杭州西湖而建。[1]

6. 昆明湖的荷花

从邀月门向东，院落里有几座建筑。夏天时节，我喜欢先去昆明湖边行走，到水木自亲观荷。水木自亲其实是慈禧太后寝宫乐寿堂的正门，门前原来是御用的码头，现在这里仍保留着当时的模样，只是码头的功用不再。每次走到这里，我都疑惑这两根约三层楼高的绿色柱子，它是干什么用的呢？柱子中间部分还是连在一起的，中间部分为金黄色，也就是在空中形成一个倒"U"字形。据说，这个高高的物件儿是灯架。过去，慈禧太后每次乘船从皇宫来颐和园，都是从这里进入乐寿堂寝宫休息，并在此悬挂明灯。现在码头废弃了，不再有船停靠，也不能从这里进入乐寿堂，这里就成了观赏荷花的好地方。沿路走，墙上有一排古色古香的玻璃窗，窗框都是木制的，形态各异，玻璃窗上还有彩色植物画，雅致得很。后来我发现，因为现在离得近，等远了就能看到，原来以水木自亲码头为中心，两旁对称有一道白墙，墙上是雕花的玻璃窗。等到了廓如亭、十七孔桥时看最明显。现在靠着石栏向下望，荷花就在脚下，可以照近景；凭栏远望，还可以拍远景，所以这里总聚着拍照的人群。碧绿的荷叶一层一层错落有致，之间高高低低有朵朵粉嫩的荷花。春秋时节，只

---

[1] 北京市颐和园管理处：《颐和园日历长廊彩画》，文物出版社2020年版。

◎ 颐和园荷塘 夏

◎ 颐和园荷塘 冬

看到碧波荡漾的昆明湖，没有荷花的踪迹，冬天深棕色的残荷被冻在冰里，一半在冰下，一半在冰面上，冰上还有倒垂着的干瘪的莲蓬。天很冷，看着有些萧索，可并不觉得破败，因为看过这里夏天荷花的繁茂与优雅，在心里就能安然等待冬天过去，期待看它来年的繁华。

过了水木自亲和古香古色的玻璃窗走廊，沿路从东西变为南北走向，小路有点窄，单向只能一人通行。小路一侧有一排临水建筑，过去我一直没有注意这些临水建筑，更不知道它们的名字，只是有一点点疑惑，历来宽阔的皇家园林，为什么在这里一下子显得有些局促？这里其实是个景色颇佳的地方，只是在颐和园众多的著名景点中很少被人们提及，临湖建的二层小楼有个好听的名字：夕佳楼。[1]顾名思义，这是用来欣赏夕阳美景的。从它的位置我们也不难看出，登上夕佳楼，在傍晚时分可以眺望万寿山和昆明湖，碧波荡漾的昆明湖在夕阳洒下的金光里波光粼粼。古人既有文采又有雅兴，给建筑起个名字就叫夕佳楼，看似随意其实恰切得很。不知道这是出自谁的手笔，又是谁妙手偶得之呢？作为古迹，夕佳楼现不对外开放，我们不能登楼赏湖景，但这里有楼，有湖，有夕阳，还有这么有意境的名字，我们依然可以在这里效仿古人，观赏美景，享受生活片刻的宁静与美好。

经过夕佳楼沿路向南继续走，这时回过头来，在荷塘的后面就望到了万寿山。历史遗迹前的荷花不媚不妖娆，显得大气厚重，它们是万寿山前昆明湖里的精灵，它们像是和人们诉说着过往。这里的荷花现在是幸运的，它们可以悠然地生长，成熟后自然盛放，不会有人来破坏和焚毁，不会有人来打扰。建筑遗迹是全人类的遗产，植物是有生命的，我们都会倍加爱护。我们也是幸运的，眼前一切美好的景色我们可以静静地观赏，可以像小孩子一样无拘无束地

---

[1]　贾珺：《中国皇家园林》，清华大学出版社2020年版。

◎ 望夕佳楼

畅享游玩的乐趣，细细品味生活中的点滴精彩与美好。现在人们重视历史和文化保护，更加珍视自然与人的和谐。万寿山安然地矗立在那里，欣慰也欣喜地望着荷塘和游人，这也许是它多年来最期盼看到的和谐美景。

7. 其他知名建筑

回到刚才长廊东端的邀月门附近，如果不忙着去看昆明湖的荷花，那么，进邀月门，里面四通八达的还有很多院落，比如玉澜堂、乐寿堂、宜芸馆。乐寿堂是慈禧太后在颐和园的寝宫，慈禧当政的后期，这里就成了全国的权力中心。我游览这里时，完全感受不到当年的森严，只是觉得院落很宽阔，有几块太湖石在院中。春天时，这里很漂亮，玉兰等植物竞相开放，是柔和温馨的美，就像其他花园一样，游人完全想不到这里曾是最高权力中心。第二进院落，游人相对少，这里的玉兰开得更盛，古色古香，是凝重的美。我喜欢在这里多停留一会儿，细细地看一看这里的古建、砖石、树木，它们见证着历史的发展和变迁。再摸一摸灰色的砖石，就像触摸到过去，令人感受着历史的沧桑，想象着百年前这里曾经发生的故事。这种文化气息，历史韵味，似乎只有在北京的皇家园林是最浓郁的。

说到乐寿堂就不能不提它院内一块巨大的太湖石，名为"青芝岫"，也是传说中的"败家石"。一块石头，何谈败家呢？这里有一段曲折离奇的故事。相传这块漂亮的巨石，产于北京房山。明代大书法家米万钟嗜石成癖，为寻求奇石收藏，不辞辛苦踏遍郊野。传说当他发现此石时，喜不自胜，拟将此石置于勺园中。于是，他不惜重金雇用百余人开山修路，待严冬向路面泼水结冰，用40匹马车拉石滑行运输。后因为财力不济，只得将石头遗弃于良乡半

◎ 青芝岫

路，故后人称之为"败家石"。这个故事看似合理，但据说是一种误读。据史料记载，米氏是因为被奸臣魏忠贤诬陷获罪，受迫害致家败，并非运石耗尽家财。百年后，清朝乾隆皇帝爱石更甚，一次驾巡河北易县清西陵时，路过良乡发现米氏的遗石，大喜过望，即降旨将其移进清漪园的乐寿堂。据记载，当时乐寿堂正门"水木自亲"已竣工，门宽仅1米，为此，毁门拆墙才得以将石运进。皇太后为此大为不悦，认为此石"既败米家，又破我门，其名不祥"，母子二人别扭了很长一段时间。话说，乾隆皇帝是真爱这巨石，御赐美名"青芝岫"，还题诗于其上。[1]

　　玉澜堂，是光绪皇帝在园内的寝宫。穿过刚才的临水建筑夕佳楼，旁边就是藕香榭，藕香榭其实是玉澜堂的西厢房，玉澜堂的东厢房是霞芬室。光绪二十四年（1898年）戊戌变法失败后，慈禧命人将院落封闭，此处即成为园内幽禁光绪皇帝的地方。藕香榭和霞芬室内横砌的两道砖墙，就是当年的遗迹。宜芸馆，在玉澜堂之后即北面，这里是光绪皇帝的隆裕皇后在颐和园内的住处。想起当年的那段历史，清朝后期，封建朝政衰败，光绪帝变法维新又失败，这里总不能让人感觉轻松。可历史终究是历史，故事已经成了过往。现在游人络绎不绝，昔日的皇家园林颐和园已经是每年接待众多国内外宾客的世界文化遗产。我们来到这里，看古建，回忆历史故事，凭吊古人，感受历史沧桑的同时，也由古思今，以史为鉴。如果能从历史时间的深邃、空间的广博角度来思考自己的人生，那将使人拥有更广阔的胸怀、更高远的眼界。

---

　　[1]　彭春生等：《北京赏石与盆景》，中国林业出版社2000年版。

第七节　知春亭及附近的景观

　　无论赏荷花走昆明湖边，还是从长廊进入乐寿堂附近的建筑群，最后，都会来到东堤。未上东堤前，先看到一座亭子，正是知春亭。知春亭是2022年北京冬奥会颐和园段火炬传递的起点，在这里可以广角式地观赏颐和园美景。

1. 知春亭

　　知春亭建于昆明湖东岸边，在玉澜堂前的小岛上，北有万寿山为屏，南面朝阳，因感知春天较早而得名。此处可以饱览万寿山、昆明湖全景，还可以远望西山，十七孔桥南湖岛这时也显得离我们很近。走过一座木桥，就登上了知春亭的小岛。春天岛上有桃花，亭前、岸边有垂柳，这里的春光最美，亭子的名字已经告诉我们最该春天时来这里。我喜欢在亭里坐坐，看万寿山，再沿岸边走走，望望西山，最后去岛的最西端，以最近的距离看昆明湖碧波万顷的湖水。昆明湖此时此刻就在我的脚下，蹲下来，甚至快要抚摸到湖水。沿着湖边

走，当然得小心点，否则掉到湖里危险不说，来个透心凉可免不了。不过，再危险游客们也喜欢到岸边拍照，大家最爱冒险去岛西北侧最高的假山石旁，以万寿山为背景照相。

知春亭夏天很凉爽，坐在亭中能感受到带着昆明湖水味道微凉的风，来到岸边能听到水拍打山石发出的汨汨声音。秋天柳树叶子由绿变黄，若赶上秋风大作，在岛上还感到有些冷。冬天，昆明湖水冻冰了，把夏天时的碧波荡漾全都凝固了，汨汨的水声也没有了，像是突然失去了活力，一切变得静悄悄。

◎ 知春亭 春

2. 文昌阁

从知春亭返回主路，要经过一座像宿云檐城关一样的建筑才能到达东堤，这座建筑是文昌阁。文昌阁上的建筑要比宿云檐城关上的建筑面积大且形式多

◎ 望文昌阁

样，文昌阁始建于乾隆十五年（1750年），咸丰十年（1860年）被英法联军烧毁，光绪时重建。主阁两层，内供铜铸文昌帝君像。文昌阁与供奉武圣关公的宿云檐城关象征"文武辅弼"。文昌阁东面有一个院落是文昌院，2021年颐和园博物馆挂牌。博物馆陈列了自商周到晚清的颐和园藏文物精品，2022年春天的特展是"玉"见生机——中国古代动植物题材玉器展。

3. 杨树路

东堤的东侧密植一排高大的杨树，于是我把这里称为"杨树路"，其实，杨树路的西侧，也就是临近昆明湖的一侧，还有一排柳树，所以，叫杨树路并不准确。不过，这里的确是颐和园种植杨树最集中的地方。春天时，杨树的心形叶片还小小的，是油绿的。夏天时，大片大片的墨绿叶片随风飘动。秋天树

叶变黄，又飘落在地，给路上铺了一层黄绿色的心形地毯。冬天能最清楚明显地看到杨树笔直的树干，树叶全都掉光，马上要迎接新的一年。在北海时，我写绿树红墙内容，提到了杨树。颐和园的杨树，比北海的杨树更高大，路面也更宽阔，路边的昆明湖也比北海的水域面积要大。从杨树路向南行，离十七孔桥越来越近，桥身和桥洞越来越明显。回头向北望万寿山、佛香阁，角度越来越正，可景象却越来越远。不论拍十七孔桥还是拍万寿山，怎么走、怎么照，都觉得下一个角度更美，怎么都拍不够。我想这就是美景中蕴含的文化力量和历史的厚重吧，禁得住你从各个方向、各个角度观赏拍照，它的美是永恒的，不会过时，不像流行的东西，过一阵子就失去了生命力。

有时，我会坐在湖边绿色木椅上休息片刻。眼前就是广阔的昆明湖，南边是十七孔桥，北边是万寿山，这里是典型的颐和园景象。往西，目光再放远

◎ 西望昆明湖及远山

一点，西山蜿蜒在远方，远处还有一座尖尖的宝塔。下午时太阳已经偏西，有时飘来几片调皮的乌云，乌云遮挡住太阳，太阳就给乌云镶上一道金边。乌云渐渐走了，阳光泻下，照耀着远处的塔，昆明湖又恢复了波光粼粼，万寿山佛香阁也亮了起来。在这儿还可以遥望西堤，它曲曲折折地浮在昆明湖上，原来走过的一座座小亭子，现在显得那么小，像火柴盒一样，正是它们串联起了西堤。

第八节　十七孔桥及附近的景观

1. 铜牛

一直沿着东堤的杨树路走，过了颐和园新建宫门，首先看到一个人们纷纷驻足拍照的景点——铜牛。我小时候来颐和园，奶奶就会带我在铜牛这儿玩，家里的影集里还有我小时候在铜牛边上的照片。这只铜牛，一对弯弯的角，眼睛大大的，看上去就像地里耕地的黄牛，有着牛的朴实与憨厚。它安然地卧在岸边，据说它是镇物，也就是神物呢！相传当年北京城一片苦海，刘伯温帮朱棣建都北京，打败了龙王，水都退了，露出地面才开始土建工程。水的退处叫海眼，为了防止水患，铸造铜牛，其身下即是海眼，铜牛以身镇水，以保一方平安。当然这是传说，铜牛铸于清乾隆二十年（1755年），牛背上铸有乾隆撰写的80字篆体铭文——《金牛铭》。小时候我对铭文印象不深，就记得站在铜牛边，觉得牛很高大，现在成年了再看这铜牛，依然不小。

◎ 颐和园铜牛

2. 廊如亭

在铜牛以南不远有一座八角的大亭子，正是廊如亭。它的面积达130多平方米，是中国古建筑中面积最大的亭式建筑。据历史记载，清漪园时期，东堤无围墙，也就是没有现在公园东门一侧的外墙，所以在这里可以四面观景，视界开阔，俗称"八方亭"。前几次去我都没有注意到，后来才发现廊如亭里还挂有多块匾额，上面的内容是乾隆皇帝的御制诗和古典名著的摘抄。不但内容精当考究，书写更工整精妙，对于想学习书法的我来说，这里是个好去处。廊如亭还是北京雨燕喜欢的去处。北京雨燕一般约在每年4月初到达北京，8月初再南迁，能到达非洲南部地区。北京雨燕迁飞回到北京后，主要进行求偶、选择巢址、繁殖。它们喜欢营巢在古建筑物的洞穴、缝隙中，颐和园的廊如亭就成了它们在北京的一个家。下次再去颐和园廊如亭，我要按着北京雨燕出现的时间，好好去看看、找找它们。如果不想仰头望字，就站在亭子里环视四周，从哪个方向看景色都美好。向北能看到昆明湖和万寿山，向东是公园现在的围墙，向南是东堤的另一半，向西是十七孔桥。夕阳西下，太阳给廊如亭洒上金色的光芒，亭角的脊兽在和夕阳挥别，这样有穿越历史之感的美景，这样的意境，恐怕只有在北京，在昔日的皇家园林能看到。

◎ 廊如亭一角

3. 十七孔桥

十七孔桥始建于清乾隆十五年（1750年），连接东堤和南湖岛，全长150多米，是我国皇家园林中现存的最长的桥，因有17个桥券洞而得名。据说，桥头及桥栏望柱上雕有500多只形态各异的石狮。登上十七孔桥，向北可以看到万寿山佛香阁。我生怕错过了美景，又急忙站在桥的南侧，小石狮子这时正沐

◎ 十七孔桥的石狮子

浴在红彤彤的夕阳之下。夕阳是美的，在十七孔桥上拍摄夕阳西下，不仅美，还有独特的韵味。这时候举起相机，谁都成了摄影家，谁都能拍出文化气息浓郁的又有历史沧桑感的照片，这是古都北京独有的景致。

在秋日傍晚，我幸运地拍到了如圆盘一样大，如太阳一样亮的满月。这次真正体会到了什么叫"海上生明月，天涯共此时"。皎洁的月亮从东边一点点升起，先是藏在桥栏望柱的狮子后面，后来更高了，渐渐爬到了杨树梢。月光泻下，静谧和谐，好像在安抚望柱上的调皮的小狮子们，该休息了。

要说冬天的十七孔桥，最奇的一景，就是金光穿洞，这个景致近些年越来越热。我也曾特意赶在冬至前后，不畏寒冷，在隆冬一睹这奇景。下午刚过3点，十七孔桥上就人头攒动，为了看金光穿洞景致，人们也是蛮拼的。还在十七孔桥上就远远望见桥下的人群，这里现在的游人数量可比春秋天旅游旺季时还要多。下桥上了南湖岛，最佳观赏区早已里三层外三层地站满了人。一打

◎ 在十七孔桥望月

听有上午10点就来的，晚来的下午一两点也就到了。我慢慢地挤进去，头一排的最佳位置是没有了，等着吧，等待是唯一能做的事情，要想看这一年一度的美景就得有耐心。

似乎金光并没有一个洞一个洞次第亮起来，大约下午4点开始，夕阳金黄色的光渐渐亮起来，一刹那每个桥洞里都洒满了金光，人们纷纷举起相机，拍摄这一年难得一见的奇景，这一天的等待算是没有白费。时间过得真快，也就大约20分钟，光线越来越暗，金色渐渐褪去，桥洞开始有些泛红，这浅淡的红是夕阳的余晖。

有时想想，金光穿洞并没有颐和园其他景色那么壮丽，也许是一年一度的等待让它显得更为期待，也因此而蒙上了神秘的色彩。我奇怪，刚才里三层外三层的摄影爱好者一下子都没有了，他们什么时候撤退的？都去了哪里？原来，大部分人并没有离开，我跟随有经验的摄影者到南湖岛码头拍落日。半个火红的太阳浮在西山上，单看太阳还很亮很红，可是它能发出的光和热已经很有限。近处的湖面上结了一层薄冰，远处湖水尚未冻住，西堤的小亭子还能在夕阳的余晖里看到些轮廓。这回更快了，也就三五分钟，太阳就落到了山后，再也看不见了。

我又回到观赏金光穿洞的位置，现在只剩下一个个灰色的石桥洞，没有一丝色彩。就像是撤了火的壁炉，没有了色彩和生机。我望着湖面，现在已经冻冰了，夏天、秋天来时，还能听到湖水拍打岸边发出汩汩的声音，现在湖面一

◎ 十七孔桥金光穿洞

片寂静，月亮出来前的安静和暗淡甚至让人感到有些害怕。刚才的人群已经散去，如果不是刚刚亲眼见证，谁能想到20分钟前这里热闹地聚集了上百人。让我惊诧和赞叹的是，人走了地上没有纸屑也没有垃圾。我想，十七孔桥和南湖岛最欢迎这样的旅游者吧。美丽的颐和园，昔日的皇家园林需要我们这样爱护。

4. 南湖岛

南湖岛向东通过十七孔桥与东堤上的廓如亭相连，岛、桥、亭结合成为一个完整的构图，与万寿山遥相对应。岛上有一座小山，山上还有各式的建筑，它们都有好听的名字，如涵虚堂、广润灵雨祠等。沿南湖岛的上山路来到最高处，我会先居高临下地看看昆明湖，然后按照建筑绕到岛的最北侧，在这儿可以正观佛香阁，虽然在长廊排云门下离佛香阁最近，可太近反而不能看清全貌，南湖岛上成了看佛香阁整体效果最佳的地方。

颐和园真是太壮阔了，所以它的四季景色是壮美的。我的四季之旅分了东、西两条线路来拍照、写作，可还有很多景点没有去，没有写进来。颐和园众多的景点需要游览者早出晚归，也只是走马观花地看。像我观赏、探索、取景、拍照，逛得太慢，东、西两线我一般需要花上两天时间分别游览。在地铁4号线北宫门有站之后，西郊线又开通了，在颐和园西门有站，这里是待我日后解锁的景区。

颐和园的美景值得我们认真地一点点观赏。我爱来颐和园，我喜欢它春天西堤的春和景明，丁香谷的梦幻紫雾，长廊海棠的落花；我喜欢它夏天广阔的荷塘；我喜欢它银杏林的秋天；我还喜欢冬天雪后的昆明湖，这时的西堤蜿蜒如一条银色巨龙……颐和园的美景太多了！我常常庆幸生活在北京，有这么多的美景可欣赏，这么多的古迹可游览。我更喜爱北京名胜的四季之旅，它让我真切感受到四季变换的规律，让我更平和地面对生活中的一切，让我更爱北京这座古老的城市。

　　我的四季之旅，中心城区里最爱北海，偏远一点的，我最爱的名胜就是颐和园。The Summer Palace，颐和园被翻译成"夏宫"，的确，它夏天的景色很美，而我要说，这座皇家园林的四季景色都美不胜收。如果您有机会也一定要在一年四季都好好逛逛颐和园。

第五章

天坛公园／静谧的四季盛景

第一节　我的天坛记忆

　　小的时候，有外地亲戚朋友来北京，家长常常会陪同他们去天坛参观，我也就有机会跟着逛天坛。还记得，爷爷奶奶爸爸妈妈陪同客人漫步在丹陛桥上，我就在桥上疯跑，跑在大人们的前面，不时回头望他们。最有意思的是在回音壁，姑姑告诉我，这是一面神奇的墙壁，让我把耳朵贴得离墙近一点，不要说话，然后等着她走到另一侧喊我的名字。过一小会儿，我就能听见微弱但清晰的声音："何羿霭，何羿霭，你听见了吗？"我家的影集里，还保存着我穿着深红色大毛衣靠在回音壁上的照片。现在游览人数大增，出于保护文物的考虑，已经在回音壁前围上了一圈铁栅栏，人的手、耳朵不能贴着墙壁。但不用担心，回音壁的回音效果还是可以领略到。

　　上学后，家长好像没有再带我去过天坛。小学时有一次春游，学校组织我们去天坛公园。记得我和同学们也来到了丹陛桥上，老师只为我们购买了大门票，去祈年殿、皇穹宇等景点需要单独买票，所以大部分同学都只是在公园里走一走，在丹陛桥上远远地望望祈年殿。小孩子不懂欣赏历史和文化，不进入特色景点也不觉得遗憾，能和同学们一起春游就已经非常高兴了。大家玩得正开心时，一个同学跑来向老师报告：某某同学去祈年殿了。大家先是以为这个同学买了门票进去的，后来才听说他没花钱，是跟在游人的身旁，冒充别人家的小孩儿，混过了检票口。我们都是听话的老实孩子，没有敢用同样的办法去游览，都乖乖地在允许的范围内游玩。那位同学当年的历险，现在想想只留下会心一笑，不知道那位同学自己还记不记得他当年的"壮举"，如果同学聚会，这一定是有意思的谈资，更是生长在北京的孩子们与北京特有的故事和独特的情感。

过去，我常去的地方仅限于丹陛桥和回音壁，连祈年殿都没有太多的印象。小时候我不了解天坛的历史，虽然家长告诉我这是古代皇上祭天的地方，但我完全不能理解祭天意味着什么。不知道祭天时皇上和臣工都在这儿干什么。不知道那时候祭祀礼仪很严格，也不知道祭祀的规模等各种知识，更不理解这一切规制对皇家乃至整个国家来说有多重要。只记得小时候天坛的柏树比较多，深绿的一片，色彩一点儿也不丰富，这儿既没有动物园好玩儿，也不如在北海可以划船。成年之后再去天坛游览，仍然是这种不太放松的感觉：这儿没有很多颜色鲜艳的花卉，也没有很多古香古色的亭台楼榭。走在天坛里很安静，要比北海、颐和园都安静，游人特别是小朋友要少一些，显得有些肃穆。

天坛柏树多，很多树都是古树，树龄在100岁到200岁的都算"年轻人"。我在祈年殿外以北的路上发现一棵古柏，它树干粗壮，树冠高大，树的两侧用铁架支撑，它的年龄居然有620岁！真是长者中的长者，我不由得心生敬佩。620年，是多么长的一段岁月，那时候我们中国还处于明朝。620年，对于人类来说，这要经过了多少代人的繁衍生息，才到了21世纪20年代的现在。而这棵古柏不仅穿越了历史，更见证了历史。这就是古都北京的神奇之处、独特之处，我们虽不能携手与古人同行，不能与古人一起并肩祭祀天神，可我们今人，在北京城之中，见到了当年古人也见到的那棵古树，走过了古人当年走过的路。城市的发展、历史的变迁，就在北京名胜古迹无言的景致中显现出来。

◎ 天坛620岁古树

肃穆、静谧，正是天坛的气质，天坛是过去皇家祭祀的重要场所。通过这次四季之旅我渐渐了解到古代祭天的隆重。天坛不仅仅是一个供人们游览的公园，更是一处文物古迹，这里有神厨、宰牲亭、神乐署等很多专门用于祭祀的建筑。我来到天坛，除了赞叹祈年殿、皇穹宇等建筑的精美，更感叹生命，特别是动物生命的易逝。那些用于祭天的动物在天坛专门的场地被宰杀，被供奉。对于祭祀物品（主要是动物）来说，那是一场腥风血雨，对于祭天的人来说，那是对上天的虔诚，一切都严格按祭祀的礼仪操作，皇帝亲临，不能有半点差池。这种森严、这种肃穆，一直保持着，成为天坛独有的氛围。天坛的建筑彰显着皇家风范，它在古代功能特殊，园内的风格和建筑不像北京其他文物古迹那么富于色彩和灵动活泼。天坛更加静谧庄重，离得远远的就能望到祈年殿尖尖的蓝顶，它是古人留给我们的文化遗产，有很多历史知识等着我们去了解。天坛的四季之美等着我们去探索和发现。

◎ 雪后天坛

第二节 天坛公园的知名建筑和景点

1. 天坛简说

　　如果找一个特色建筑来代表北京，天坛常常当仁不让地作为北京的象征：祈年殿三层蓝檐，最上一层是高高的尖顶。这一特别的造型经常被创意制作成代表北京城市特色的美术设计作品。北京国际电影节主竞赛单元的奖项为"天坛奖"，电影节迄今已举办了十几届。这些都说明天坛在北京的地位。

　　在中国长期的封建社会宗法礼制中，人们相信"天"是至高无上的主宰，人间统治者的一切行动都是按照"天"的意志在做，因此是不可反抗的。同时，崇尚祖先也是宗法礼制的一个重要内容，将祖先说成是神圣的、正确的、不可怀疑的。为了表示皇帝和祖先以及各种神之间的联系，古人修建了许多祭祀性的建筑。天坛是明清两朝皇帝祭天与祈祷丰年的地方，为明永乐十八年（1420年）明朝迁都北京时所创建的。现在的规模是明嘉靖九年（1530年）形成的，祈年殿在清光绪十五年（1889年）被雷火焚毁后按原来形制于次年重建的。[1]天坛内主要建筑有祈年殿、圜丘、皇穹宇、斋宫等多处古迹。天坛的建筑布局，反映了古代建筑师卓越的空间组织才能。为了明确地突出主体，首先用一条高出地面的丹陛桥构成轴线，直贯南北，然后在其两端恰当地安排了体量与形状不同的建筑，成为全部的重心。[2]天坛不仅是我国，也是世界上最大的祭天建筑群。中华人民共和国成立后，相关单位对天坛的文物古迹保护投入大量资金。1961年，国务院公布天坛为"全国重点文物保护单位"。1998年，天坛被联合国教科文组织确认为"世界文化遗产"。天坛是北京中轴线上的重要节点，它向世人展示着北京中轴线的魅力。

◎ 天坛祈年殿

---

[1]　刘敦桢：《中国古代建筑史》，中国建筑工业出版社2018年版。
[2]　同[1]。

2. 北神厨、北宰牲亭

进天坛东门，如果向北，到达北宰牲亭。之所以有"北"字，是因为神厨和宰牲亭是对称而建的，在圜丘的东边还有一处神厨和宰牲亭，所以现在这里的两座建筑称为北宰牲亭和北神厨。北宰牲亭，始建于明永乐十八年（1420年），是重檐歇山顶的五开间大殿，上面覆盖有绿色琉璃瓦，院内有一眼水井。北宰牲亭正殿为神库，神库内还保存有坑灶和洗牲畜的池子等。在古代坛

◎ 圆形朝灯

庙等祭祀场所一般都建有宰牲亭，主要是屠宰祭祀所用的牛、羊、鹿、兔、猪等牲畜。在宰杀牲畜前有烦琐的礼仪，还设香案行礼等。屠宰时，先用木槌猛击牲畜头部，所以，宰牲亭又称"打牲亭"。神库内有木制的小亭子，形状有方有圆，里面放蜡烛，是朝灯。据说方的放在祭坛外，圆的放在祭坛里面。

神厨是专门存放祈谷大典用到的多种供品的厨房。北神厨和北宰牲亭并没有在一个院里，出了北宰牲亭向西，走过长廊就能到达北神厨。神厨院内也有一眼水井，还放置3个铜制大水缸。神厨面积大些，规制也高，整个院落面积有400平方米，当年能容纳厨役近百人。进门对正殿，两侧还有东西配殿。东配殿为左神厨，西配殿为右神厨。遗憾神厨的建筑规制没有保留下来，现在3间殿作为展室。其中，正殿为祭祀用器具常设展，西配殿为祭祀乐器常设展，东配殿为临时展区。

3. 七星石

从东门向南走是七星石，这是天坛公园的一个著名景点，可惜我小时候都不知道还有这么个参观点。七星石是按照北斗七星的方位排列的7块巨石，对于它的来历，传说和故事颇多。有说法是，明代建都北京时，永乐皇帝朱棣想寻找一祭天场所，一天夜里，他梦见天门大开，北斗七星落于此地，于是在此建天坛祭天。另一种说法是，明嘉靖九年（1530年），有一道士经过这里，看到当时的布局说这里太空旷，不利于皇位和皇寿，于是皇帝就设七石镇在这里。七星石顾名思义是7块石头，可我拍照时数了好几遍都是8块石头，这又是为什么呢？公园的官方简介最为可信：明嘉靖年间，在大享殿东南放置巨型镇石7块，石头上刻有山形纹，大家讹传是陨石，其实是寓意泰山七峰。满人入主中原后，为表明满族是华夏一员，乾隆皇帝诏令于东北方向增设一石，有华夏一家、江山一统的意思。

◎ 天坛七星石

4. 丹陛桥

天坛有两重坛墙环绕，两墙始建于明永乐年间，后清乾隆年间又有修缮。连接两坛即北端祈谷坛和南端圜丘坛的轴线，是一条长约360米、宽30米、高出地面4米的砖砌甬道，即"丹陛桥"。祈年殿和圜丘是天坛内两个同等重要的建筑[1]，分别在丹陛桥的北南两端。这次四季之旅，我再次漫步在丹陛桥上，我喜欢走在这里的感觉，站得高高的，视野开阔。回想起小时候跟家长来玩儿时的样子，还有和小学同学春游，当年那个伺机逃票溜进祈年殿的男同学也长大了，他的孩子也许都要比当年的他大了。时光就是快，一代、两代人在历史面前都是匆匆过客，历史和古迹是厚重的，古建承载的文化底蕴更是深厚的，这

---

[1] 刘敦桢：《中国古代建筑史》，中国建筑工业出版社2018年版。

◎ 丹陛桥

就是古都北京的魅力。

5. 祈年殿

祈年殿建于明永乐十八年（1420年），初名"大祀殿"，嘉靖二十四年（1545年）更名为"大享殿"。清乾隆十六年（1751年）定名"祈年殿"。祈年殿上覆三层蓝色琉璃瓦顶和渗金宝顶，看上去十分壮观。祈年殿和它的东、西配殿由平面方形的围墙环绕，成为一个组群，与南端用方形围墙环绕的圜丘遥遥相对。两个圆心相距约750米。[1]

在科技不发达，靠天吃饭的古代，祭祀特别是祭天，一直备受统治者重

---

[1] 刘敦桢：《中国古代建筑史》，中国建筑工业出版社2018年版。

视。祈年殿东配殿内的常设展，介绍了我国祭天礼仪的发展以及天坛建筑特点等知识。展览通过微缩模型展示了早在黄帝时期，我国就有祭天的专门场所和建筑，只是那时候建筑相对简单。经过西周、东汉时期慢慢发展演化，祭祀的建筑日渐复杂，到唐朝时期已经非常宏伟，一直延续到明清时期天坛的建成让祭天仪式的场所日臻完善。在祈年殿的西配殿里，从2020年开设有"遇见·天坛——北京天坛建成600周年历史文化展"。这里的600周年就是从1420年开始算起，一直到2020年。展览分为天地坛肇建、天坛坛域形成等共7个篇章，带着我们从天坛历史发展的脉络，了解到古人祭祀礼仪的发展。祈年殿多年来巍峨地矗立在这里，曾经被多少人顶礼膜拜。这里从来就是极为严肃的地方，如果不去特意追寻，天坛总是缺少颜色的。一年当中，祈年殿能有艳丽的色彩，可以在肃穆中透出活泼的时刻就是每年月季花开的时节。月季是绚烂的，

◎ 祈年殿前的月季花

给祈年殿带来了生机，每到这时，北京就入夏了，骄阳照耀着大地和巍峨的大殿，如火如霞的月季在祈年殿前火热盛放。

6. 皇穹宇

从丹陛桥一路向南，先到达皇穹宇然后到圜丘。皇穹宇建于明嘉靖九年（1530年），是平时供奉着"昊天上帝"牌位的建筑，牌位在祭祀时才移到圜丘上。皇穹宇是一座单檐的圆形小殿，饰以蓝瓦，金顶和朱色的柱和门窗，建立在洁白的单层须弥座石基上。[1]皇穹宇殿高约19.5米，直径15.6米，是古代建筑的杰作。

◎ 皇穹宇

---

[1]　刘敦桢：《中国古代建筑史》，中国建筑工业出版社2018年版。

　　小时候来天坛公园，最喜欢又最好玩的地方就是回音壁。皇穹宇的名字似乎不如回音壁有名，其实回音壁正是皇穹宇的外墙。时隔多年，我再次看到了回音壁有点发棕黄还带着点灰色的墙壁，不禁感慨，它没有变化，还是过去看到的模样和颜色。小时候家长带我来它就是这样，成年后它也没有变化，到我们的后代长大成人，它依然如此。这，就是代代传承的文化。古迹古建是文化的承载。

◎ 回音壁

　　回音壁，又称为传声墙，墙高约3.72米，周长193.2米，内径61.5米，墙内壁为磨砖对缝的砖石砌成，弧度自然规则，表面光滑。小时候觉得回音壁太神奇了，是一堵会传话的墙，长大才了解到回音壁能够回音的原因。回音壁应用的声学原理是：声音的反射使原声增强。

7. 圜丘

我对圜丘基本没有印象，就好像小时候没有来过。圜丘外有一圈蓝瓦顶的围墙，很少见这么矮的围墙，就像是孩子垒的玩具，可看它建筑的规制又很严谨，所以我始终不太理解建造者的用意。圜丘是一个白石砌成的3层圆形台子，是皇帝每年冬至日祭天的地点，周围用两重矮墙环绕。这一组露天的建筑，造型简单庄严而开朗。[1]沿圜丘3层台阶到达圜丘的平台上，在这儿向北可以望到皇穹宇。北京2022年冬季残奥会火种采集仪式就在圜丘举行。在圜丘平台的中心，有一块凸起的圆形石头，游客们都喜欢排队站上去踩一踩。这块石头叫天心石，人站在天心石上说话，声音特别浑厚、洪亮。有一年初夏，我

◎ 圜丘

---

[1]　刘敦桢：《中国古代建筑史》，中国建筑工业出版社2018年版。

来到这里，本来是艳阳高照，没想到从圜丘下来，长云彩了，阳光被遮住，天和圜丘渐渐暗下来。蓦然回首，在云层下的圜丘，突然有一种被时空穿越的震撼感。它矗立在这里，诉说着历史，承载着文化内涵与精神，是不朽的。

8. 斋宫

斋宫坐西朝东，建于明永乐十八年（1420年），面积近4万平方米。斋宫是皇帝祭天时的寝宫，祭祀前皇帝需提前3天到斋宫斋戒。进入斋宫后，要按照不食荤、不饮酒、无宴乐等多项严格规定行事，以表达对上天的敬意和祭祀的虔诚。我小时候没有来过这里，这次四季之旅我发现斋宫的布局很严谨，环境典雅优美又不失严肃庄重。斋宫建筑规制较高，大门外有一条御河，现常年枯水，虽干涸却能感受到这里的威严与森严。一进院子北侧是钟楼，钟楼西是一条内御河。钟楼里悬挂着一口巨型铜钟，据记载，这口钟被称为乾隆铜钟，是从原来圜丘坛门的钟楼移到斋宫的。

过内御河是二进院子，正西方是斋宫的正殿无梁殿，殿前高悬匾额上书"敬天"两个大字。殿前有铜人亭和时辰亭两座小亭。无梁殿内有关于祭天礼仪的展览，展览内容丰富，既有史料文字还有图片和实物。祭天仪式之前，平时呼风唤雨的皇帝这时也要谨言慎行，严格按礼制在这里进行斋戒。与其说古人迷信，倒不如说古人对天地非常虔诚。中国的文化博大精深，皇帝祭天仪礼的规模之大，规矩之精细、烦琐，让现代人难以想象。这些知识的学习和了解恐怕只有在北京，在文化古都北京的历史遗迹、风景名胜才有机会。

在正殿两侧各有一月洞门，进月洞门，主殿东、西两侧对称有值守房。我第一次参观斋宫时，喜欢这里的幽静，特别是这两座对称的圆月洞门，古朴又可爱。从值守房向西，上台阶进小红门，是最后一进院子，这里是皇帝寝殿，寝殿外有太平水缸。

◎ 斋宫钟楼

◎ 无梁殿

第三节　天坛公园的色彩

1. 丁香林

　　天坛公园的主要景观纵贯丹陛桥一线，这一带植物种类少，除了草，路边最多的就是冬夏长青的柏树。从祈年殿向西走，地域广阔，工人师傅们抓住这个机会，在这片区域栽种了多种植物花卉，丰富的颜色和美丽的景色让天坛不再那么肃穆。每年的3月底开始，大片大片的二月蓝竞相开放，沿着二月蓝和柏树林继续向西走不远，还有一片丁香花海。冬天路过时，我并不知道这一株株细细枝条的是什么植物，待到春天，美丽的丁香花带着芳香开满了枝头，有淡紫色的也有清雅洁白的小花瓣。最初只觉得这里花美丽，后来才知道这是北京城有名的一片丁香林，别小看北京的一棵树、一株花，它们也是有来历、有故事的。

　　来天坛几次，发现这里灰喜鹊比较多，有一次我在这片丁香林下，听到它们喳喳地叫个不停，真热闹。天坛翠柏成荫，有了喜鹊，算是给园里添了些许

◎ 天坛丁香林

活力和生气。穿过了这片丁香林，西边还有大片的月季园。天坛的月季很有名呢！据说天坛月季园是从美国归来的蒋恩钿女士一手创办的，经过多年的扦插培植，开发出200多个品种，是北京知名的月季园。

2. 月季园

在18世纪中国的月季传到了欧洲，然后与欧洲品种杂交出新品种，这些月季新品种在清末又传回中国。月季传回中国的这一过程中，一位关键人物起了重要作用。清末民初，在欧洲的中国华侨和富商回国后，把从欧洲带回的品种栽种在自己家里。其中，有一位叫吴赉熙的华侨，他在北京的东城区买了一处院子，种植自己带回的欧洲月季多种，还经常请朋友来赏花。后来吴先生年事已高，想给自己培育多年的月季找一个可靠之人托付。一位从美国留学回来

◎ 天坛月季园

的叫蒋恩钿的女士，进入了吴先生的视线。蒋女士自己爱花，留学时读过不少花卉书籍，也常来吴先生这里赏花。吴先生就把培育的技术和自己保存的珍贵品种都传给了蒋女士。不过，中国的第一个月季园还不是天坛的月季园，在天

◎ 天坛的月季

坛之前，1959年国庆10周年之际，国家领导人把蒋女士请到人民大会堂，国庆期间，人民大会堂的月季如期盛开，给国庆增光添彩不少。此后，蒋女士被邀请到天坛公园，建立了天坛月季园，并且又培养出新的品种。现在天坛的月季已经

有了600多个品种。[1]

在月季园的西北有一座天坛公园的知名建筑——双环万寿亭。一对古香古色的绿琉璃瓦重檐亭子像孪生姐妹，手拉手肩并肩站在一起，又如相依而立的情侣亲昵地靠在一起，造型美观又罕见。传说亭子是清乾隆六年（1741年），乾隆皇帝为祝贺太后五十大寿建造的。亭子的造型不是我们今人想象的人形，而是寓意一对寿桃，取"和合、吉祥、长寿"之意。现在看到的双环万寿亭是1975年迁到这里的。在双环万寿亭对面还有一座造型独特的扇面亭，它前窄后宽，就像古代折扇的扇面形状。在两座亭子东南方向不远，有大片的牡丹，每年4月、5月是这里最美的时候。

◎ 双环万寿亭

[1] 曹志勇：《"天坛月季"的来龙去脉》，《北京纪事》2020年第8期。

3. 斋宫的海棠

我惊诧于斋宫的海棠，那年春天无意间邂逅，正好看到它们最美的模样。海棠色彩丰富，含苞待放时一朵朵粉红色的花蕾坠在枝头，似胭脂点点。花开时，粉红色渐褪，绿叶衬着大朵粉白相间的花，花中间还托着鹅黄色的花蕊。单赏海棠已经十分美丽，它们又开在斋宫主殿的红墙前，活泼不失沉稳。海棠静静绽放。谁说花儿粉嫩而俗气不够庄重？当你欣赏了它们的美，你就能由衷地感受到它们的大气稳重，它们完全能承托住历史的厚重，又好像完全融入了古建中。海棠的活力让红墙好像也活了，它要和游人诉说历史，原来历史离我们并不遥远。

◎ 斋宫的海棠

◎ 海棠花开

4. 天坛的二月蓝

天坛的片片古柏林可以说是天坛的特色之一，它们四季长青，几百年来生长在这里。天坛在春天还有特别的一景，那就是盛开在古柏下淡紫色的二月蓝。在北京的春天，常能看到开得满坑满谷的二月蓝，而二月蓝可以说是天坛里独特的风景。二月蓝因为天坛成了不同寻常的二月蓝，天坛也因为这小花，成了最美的花海。在每年的3月、4月间，二月蓝盛放在昔日皇家隆重祭天的场所，它们大片地生长在北京的名胜古迹中。你不会因为它的常见和普通而小视它，也不会因为它的渺小而觉得它卑微，你会感受到它旺盛的生命力透出的活力与亲切。淡紫色的花海延伸在路的两旁、树的周围，丰富着天坛的色彩。要是在天坛公园里多走一走，你就会发现同样的二月蓝在天坛又有不一样的景致。在天坛公园南面丹陛桥以西，古树林立，因为有人工的保护，这里的二月蓝开得最盛。古树并不是我从那些树干的粗细猜的，树上有名牌为证。挂绿牌的树龄在100年以上，挂红牌的树龄在300年以上。粗壮的深棕色树干和紫色的小花在一起，构成了天坛独有的春日景象。

◎ 古柏与二月蓝

　　天坛公园的北侧，即北门往西，也有大片的二月蓝。这里游人少，从古柏树干的粗细程度来看远不及南面的树古老，所以这儿的树林没有围栏。在步行路之外，林间被人们踩出条条蜿蜒的黄土小道，好像莫奈画中的乡间小路。当柏树林下挤满了一簇簇盛开的二月蓝，空气中弥漫着二月蓝清淡的花香和柏树的清香时，周围会传来声声鸟叫，可你抬眼寻声望去，却什么也看不到，根本找不到鸟儿的栖身之所。等到鸟儿从草地上腾空而起，或是突然从你的头上越过，才知道原来林里藏着灰喜鹊，是它们打破了这里的安静。树间、草上还有一只只跑来跑去、蹦跳自如的可爱的小松鼠。

◎ 二月蓝

　　天坛的主景区因古柏多，四季变化不那么明显，可它在京城公园中的地位之高，我的四季之旅自然不能把它落下。在我的这次四季之旅中，我发现了天坛四时的变化和它四季的美景。原来天坛并不因为祭祀而只有严肃，它虽高高在上，也有活泼可爱的一面。因为有了这些植物，天坛的色彩更丰富，景致更漂亮。静谧的天坛四季中，最美的是春天，斋宫的海棠最超凡脱俗，满园的二月蓝最是亲切。天坛，京城之中最静谧、肃穆的名胜古迹，有着与众不同的四季美景。

第六章

北京动物园／活力的四季盛景

第一节　儿童的天堂

1. 几代北京孩子难忘的记忆

北京动物园和咱们之前参观游览的几处北京风景名胜、历史遗迹相比算是年轻的建筑群，不过，文化古都北京哪个建筑没有点历史故事和来历呢？就是这个"年轻的公园"，要是从最初清朝农事试验场算起，也是有着近120年历史的"沧桑老人"了。北京动物园和其他名胜相比，没有那么多历史遗迹，也非风景名园，不是封建帝后经常游览、消夏纳凉的景区，可它仍然属于封建统治者在北京城建造的一座历史园林。北京动物园在北京有着独特的地位，而且从其在北京乃至全国受欢迎的程度来说，名声早已响彻大地。在很多北京孩子的心中，更有着对它的独特情感——我们的父母小时候最爱去的是北京动物园，我们小时候也一样，现在轮到我们带着自己的孩子来北京动物园，将来孩子的孩子也一定会继续来玩！从哪个方面来说，我的首次四季之旅当然不能少了北京动物园啊！

在北京所有的公园里，我来动物园的次数最多。爸爸妈妈带我来过动物园，奶奶带我来过，姑姑也带我来过。印象最深的就是趴在猴山、熊山和狮虎山外围的水泥石台上看动物。为什么是趴着看动物呢？过去的猴山在中间，从地面往上得有两三层楼高，周围是一圈水泥砌的石台，动物们无法从山上跳到石台上或石台外。游客们都把胳膊架在石台上看动物。小时候是靠家长抱着看猴山、熊山、狮虎山的动物，然后是在家长的扶持下半靠半坐半趴在石台上，再大一点，就可以自己紧贴着站在水泥石台前，两手扒着石台，勉强露出半个脑袋，眼巴巴地向山上或山下看动物。要是赶上暑假，石台旁边必有一排黑黑的小脑袋，那正是儿童游客集中的时候。

2. 我和动物园的故事

我和动物园的故事里记忆最深的两个都是在夏天发生的。那是一个六一儿童节，姑姑带着我和表姐去动物园玩。那天人多的情景我至今记忆犹新：游览的人群汇在一起，像一个个方阵，缓慢地整体向前移动，着急也没有用，谁也不可能越过人群，快步走起来。大约是走到了豳风堂附近，不知怎的我和表姐在一起，一回头，姑姑就不见了。姑姑个子不高，在拥挤的人群中实在太难找了，我们看着背影像的，追过去一看根本不是。我和表姐手拉手绕着那附近前前后后转了两三圈，也没有见到姑姑的影子。真害怕，我和表姐都是小学生，不至于在路边放声大哭，可是当时真是又着急又无助，心想怎么办呢？找哪个地方等着，还是自己先回家呢？我们兜里一分钱都没有，根本没法自己坐车回家，那是20世纪90年代初啊，不要说微信、抖音，连手机都没有，根本无法联系家人，哪像现在可以扫码支付。唯一的办法就是去动物园广播室广播寻人。正要去，突然听见有人喊我的名字，回头一看正是姑姑，真是绝处逢生的那种释然感觉，至今记忆犹新。姑姑说，她一转身见不到我们以为我们去厕

所了，找了没有，她也担心死了，想着要再找不到就得去动物园广播室时，刚巧她眼睛余光感觉到不远处晃过一个蓝色裙子的身影，就赶紧找了过来。那天我穿了一条蓝色的裙子。再次来狮虎山玩，看到狮子，我就会想起那年夏天看了一个动画片。1995年我国上映的电影《狮子王》。有人说，这个电影的故事很好，它源于莎士比亚四大悲剧之一的《哈姆雷特》。《狮子王》的戏剧核心是王子的复仇，同时，动画中一个个人物各具特色，向大家传达了生生不息的生命哲学。当时戏剧核心、王子复仇、生命哲学这些主题我完全没有感受，只记得这个影片比原来看过的画面更丰富、色彩更艳丽，视觉冲击力很强。我记住了可爱的辛巴、胖胖的彭彭，还有瘦小的丁满。用专业术语说，这叫塑造人物成功。这个电影让我印象最深的一幕，就是彭彭、丁满和辛巴快乐地走在森林中，过独木桥的时候，辛巴转瞬从可爱的小狮子长成了挺拔的大狮子。我的心一下就被触动了，很意外，突然很感动，感受到时光变化之快。那年放暑假，爸爸带我到位于西四羊肉胡同的北京地质礼堂影院看这部电影。那天下着大雨，散场后我们走在胡同里，打着伞可衣服还是湿了，脚也湿，凉鞋里还净是小沙粒，干脆抬起脚，用屋檐角流下来的雨水柱冲刷凉鞋里的泥沙。不知不觉，这个打着小伞冲脚的小孩儿长大了，她做记者，懂了电影里的叙事方式和剪辑节奏，并开始做节目，做纪录片，有几次制作的节目内容收视率较高，业内评价也比较好，还得了一些奖项。她写散文，开始重走小时候去过的公园、北京的名胜古迹，她重识记忆中的北京城，并观察它们的四季变化，想记录下这些曾经给她快乐童年、美好记忆的家乡四季的美景和故事。

第二节 北京动物园的历史

在北京建都的历朝历代皇帝大兴土木，建造了很多风景优美的皇家园林，为北京这座城市增添了多处名胜古迹，也给我们后人留下了众多文化遗产。北京动物园建造的时间特殊，是在鸦片战争之后，它的兴建标志着皇家造园历史在北京的终结。北京动物园始建于清光绪三十二年（1906年），它的前身是清朝农事试验场，是用来学习西方先进技术，搞科学研究的，不是供人们游玩的公园。光绪三十四年（1908年）农事试验场开放接待游人，场内的动物园俗称万牲园。开办之初，人流不断，据说慈禧、光绪也来过两次。辛亥革命后帝制时代结束，农事试验场几易其名，后来，由于连年战乱，民生凋敝，农事试验场大部分动物因为种种原因夭折。在1955年正式定名为"北京动物园"。从1955年到1975年的20年间，北京动物园获得了一定的发展，先后兴建了象房、狮虎山等场馆，20世纪80年代后，北京动物园迅速发展，兴建了大熊猫馆、金丝猴馆等多个场馆。20世纪90年代，北京动物园向北扩建，修建了新象馆、犀

牛河马馆、非洲动物放养区等新馆舍，同时采取较科学的动物喂养方法，将部分动物散养或混养。

北京动物园的正门坐北朝南，它的体量无论和现在的高楼大厦还是和北京众多的古建筑相比，实在不算宽敞高大，可它自有它的韵味：上面有石刻雕花的图案，透着庄严与古朴又不失美丽。最具特点的就是门口挂着竖长黑色牌子上书5个大金字：北京动物园。大门的粉丝不分男女老幼，谁都要在这大门口，以这标志性的牌子为背景合影留念。这是一座有着百年历史的大门，一个多世纪以来它矗立在这里，迎接四面八方的来客。

动物园的正门不是木制的，也不是大铁门，而是石头门。我从来没有认真观察过动物园的大门。原来每次都是兴奋地拿着门票往里走，早心急地盘算着先看哪种动物，哪有时间看大门呢！这次我特意观看动物园的大门，正中是两

◎ 北京动物园老大门

条龙，龙内侧是一对石狮子或麒麟兽，它们抱着一颗珠。左、右两旁各还有一条龙。往下，三个圆拱门上面，各有雕花图示若干，左侧和右侧雕的内容并不一样。真是不看不知道，原来从小走到大，走了多少次而被忽视的动物园大门有着如此繁复精美的石刻图案。2020年夏天，在我们一直走的动物园老大门西正在修建新的入口。到2020年秋季，北京动物园的新大门启用了，现在老大门会关闭，它将成为历史的见证者，它本身也是一处文物。

◎ 北京动物园新大门

第三节　动物园里的动物们

一、东区动物

1. 我们的国宝：大熊猫

　　大熊猫体色为黑、白两色，圆圆的脸颊、大大的黑眼圈，一对黑色的小圆耳朵立在胖嘟嘟的头上，身体也是胖乎乎的。它们走起路来有点像人走内八字，看上去憨态可掬。大熊猫在动物园的生活很惬意，无论在室内还是室外，它们的主要活动就是享受美食和玩耍、休息。看它们悠然自得的样子我也跟着放松心情，好像我的生活此刻也变得如此慵懒；看它们萌态十足，我就想到万物有灵、有趣。还没有看其他动物，只看了大熊猫就已经可以断定动物园之旅必不虚此行。平时除了在电视里或网上能看见熊猫，要想真真切切观赏大熊猫，那就只有去动物园了。

　　我曾一直想有机会到四川游览，四川之旅的时间不会太短，因为想去重庆看看；还想在夏天时去青城山，体会老舍先生笔下描写青城山夏季的凉爽；去四川当然要去成都大熊猫繁育基地好好看熊猫，可直到现在，我还没有找出合适的时间做这次旅行。好在，北京现在交通便利，公交、地铁选择多样，随意跳上一趟车，到北京动物园就能目睹国宝大熊猫的真实生活，这对我来说，总勉强可以算是一个说走就走的出行了。有一年，因为工作原因我来到动物园的熊猫馆，借饲养员喂食熊猫之际，我伸出食指轻碰了一下成年大熊猫的背毛，结果吓了我一跳，看着软软乎乎憨态可掬的大熊猫，我以为它的毛和毛绒玩具一样是毛茸茸的，又或者像宠物猫狗一样，可以肆无忌惮地撸，没想到它的毛很坚硬，像硬刺一样。我猜它们的皮毛厚实、坚硬才可以御寒吧，所以即使在北京的冬天，它们也可以安然在室外睡觉，皮毛厚也有利于它们在野外安全地穿行在竹林里吧！

　　从小在课本里我们学习过熊猫是我国的国宝，也听说大熊猫爱吃竹子，

◎ 大熊猫

可大熊猫是食肉目动物。800多万年前的禄丰始熊猫是一种体形大小和狐狸类似的动物，冰川时代到来后，它们和很多食肉动物一起，生活范围大大缩小。面对生存竞争，熊猫改吃素食。冰川消退，熊猫得到大发展，体形变大。直至1.1万年前的冰期到来，熊猫体形又缩小、变圆，以适应寒冷环境。[1]在长期严酷的生存竞争和自然选择中，和大熊猫同时代的很多动物都已经灭绝，大熊猫超强的适应外界生存环境的能力使它成为"活化石"并存活到了今天。北京的四季温差对适应能力这么强的熊猫来说，根本不在话下。它们冬天也能短时间在室外活动，如果觉得冷就到室内展室运动，室内有暖气，还有它们爱吃的竹子。熊猫馆外种有竹子，这个院落一年四季的颜色就是象征生命的绿色。

2. 猴山

猴山里一年四季的景色差不多，都是灰色的山，小猴子们呢，也早已适应北京四季的温差。你什么时候来，它们都跑来跑去，既不怕夏天的酷暑，也不怕冬天的严寒。北京动物园的老猴山是动物园历史最悠久的馆舍，也是动物园内唯一一座兴建于1949年以前的馆舍。过去的猴山，就是前文所述，游人围在水泥台周围一圈，经常有人随意投喂猴子，家长还得抱紧孩子，谨防掉下去。我小时候动物园里印象最深的地方不是熊猫馆，而是猴山，因为每次来动物园不一定都去熊猫馆，而猴山是必定要去的。看猴子们在山上蹿上跳下，还有的沿着铁索桥飞快地在空中穿行，真有意思！每次来动物园，都被猴子的活泼好动和身手灵巧敏捷所吸引。猴类属于灵长类动物。灵长类动物中体形最大的是大猩猩，最小的是倭狨（也叫侏儒狨）。灵长类动物是动物界比较高等的类群，我们人类也属于灵长类动物。猴类的大脑比较发达，四肢可以使用简单工

---

[1]　韩启德等：《十万个为什么·动物》，少年儿童出版社2016年版。

◎ 猴山

具并抓取食物，手指和脚趾分开，大拇指灵活，可以攀爬树枝和拿东西。

　　等成年之后再去猴山，已经是新猴山了。新的猴山建在一个大型的玻璃围挡里，有效阻止了游人投喂猴子，也不用担心人会掉下去。玻璃罩上方四周是铁丝网，我猜这样里面不会太热，也方便空气流通。猴子们显然已经适应了新环境，仍然山上山下地跑来跑去。有一年春天，我看到一只猴宝宝站在玻璃墙前怵怵忐忐地向外张望。它毛色浅浅的，两只大大的黑眼睛嵌在白色的面孔上，炯炯有神。只是它脸上长满了皱纹，像个小老头。恰巧一对年轻夫妇带着他们三四岁的孩子站在玻璃外往里看。小朋友一下子就看见了小猴子，小猴子也专注地看着他，四目相望，像极了两个初次见面的小朋友。一会儿小猴伸出小手，孩子也伸出小手贴在玻璃上。他们都是幼小的、稚嫩的、可爱的、美好的，他们都处在对世界无限好奇的年龄。我不知道这对幼小生灵隔着玻璃的对

视都看到了什么，也不知道这次对望对他们的未来会产生什么影响。这是不同物种间一次无言的交流，是好奇的观望，是生命的对视，更是心灵的交流。人与动物的关系就应该始终如这对初见的朋友吧。在新猴山的东面有动物形的塑料小摇椅，猴子们也有了属于它们的玩具。小猴子能像人类的小孩子一样，在生活的环境里，有更多玩具，在更新奇的地方去探索发现，真好。人们像对待自己的孩子一样对待猴子们，尊重它们活泼爱动的天性，这种设施建造的用心，充满着对动物的关爱，让参观者特别是小朋友们从小就感受对动物、生命的爱和关心。小猴儿也像小孩儿一样，平等共同生活在地球上，一起快乐成长在蓝天下。

　　猴子一般是群居生活，每群会有自己的首领，被称为猴王，猴王一代代变化更替，会有更年轻力壮的猴子取代老猴王成为新头领，这一过程挺残酷，但却是这个种群延续至今，优胜劣汰的选择。

3. 熊山

　　熊山和猴山的改造工程类似，全用玻璃在四周把动物围起来，人和动物做到了很好的分离，既不影响人游览观看，也解决了游人投喂动物的问题，还不会发生游人掉进熊山的危险。人们可以沿路步行，通过大落地玻璃窗观看在区域内生活的熊，好像穿行在森林里一样。春天熊山里开有二月蓝，很漂亮。夏天熊可以在树的绿荫里玩耍，秋冬天更多的时候，熊是在睡觉。熊的生存环境也比原来更像野外，有树木，有水池，有假山石，还有供它们休息和嬉戏的树桩、圆木和轮胎等物品。多年后再去发现动物园有很多变化，比如游览更加人性化，科普知识介绍在增加，动物们家园更适宜生活，更有趣味。我们人类渐渐变得更友爱、友善地对待一切。更多的人不会再去故意伤害动物，而会更善意地对待动物并极力地保护它们，让它们能更安心和舒心地生活。一年冬天，

◎ 熊山

我看见棕熊在树桩式的树洞里休息，就像在野外冬眠一样，看着它安静甜美地睡着，就像一只乖巧的大狗，羡慕它安逸的生活。虽然现在社会偶尔还会爆料有虐待小猫小狗等一些小动物的事情，但更多的人懂得了善待动物，懂得我们和动物、植物以及其他的生物是平等地生活在一个地球上。这种认识的变化需要有过程，但愿人们付出的代价能更小一点。

熊山的东面是北极熊馆。北极熊不怕冷，北极的冰天雪地它们都能畅游，北京冬天的温度对它们来说根本算不上考验。北极熊身形硕大，白色的绒毛很厚，毛皮表面有油脂，这样能更有效地抵御寒冷空气和冰冷的水。它们个头虽大，但并不笨重，在野外它们奔跑起来很快。我曾看见一只大大的北极熊敏捷地把塑料球推来推去地玩儿，就像一个顽皮的少年。更多的时候，它们在睡觉，看上去像一块雪白的大垫子，毛茸茸的，一动不动。

◎ 北极熊

4. 狮虎山

不同于猴山和熊山完全是新的建筑，改建后的狮虎山现在有两部分，既保留着原来狮虎山的建筑格局，还有新建的下穿走廊部分。狮虎山室外展区有各种植物，春天能看到二月蓝，夏天绿油油的爬山虎挂在山上，秋天爬山虎变成了火红色。冬天如果下雪，这里就变成了白茫茫的一片。不知道狮子、老虎喜欢在雪地里玩，还是早早回到室内展区去取暖？老的狮虎山的建筑被装饰成独特的山形结构，东、西半圈为室外展区，南、北两侧各有一个门，可进入室内展馆区。进馆参观，有如进入神秘的山洞，小时候就是从这里进入，能看到威猛的大老虎、狮子和豹子。小时候个儿小，看见这些庞然大物，就觉得它们个头真是太大了，很是危险紧张，又有忍不住观看的刺激感。穿行过老狮虎馆出南门。此时回过头来，小时候看到的3个朱红大字"狮虎山"还在，不禁勾起了人们的无限回忆，也颇让人感慨时光的流逝。

◎ 狮虎山

老狮虎山建于1956年，算下来它已经是有近70年历史的老建筑，它是北京动物园的标志性建筑之一。当照相机在中国还属于高档消费品的时代，有多少人来动物园，都要以狮虎山为背景照相留念。记得我小时候，狮虎山南门口还专门有收费照相的地方，是一只专供孩子骑的小布老虎，孩子们可以骑上布老虎以狮虎山为背景照相。现在，这里还保留着原来的风貌，朱红的"狮虎山"3个字高大醒目，看着眼前熟悉的场景倍感亲切，像是又回到了过去。

狮虎山的新建筑是下穿式的，不用像在室外俯视老虎或在馆内仰视老虎，而是来到了狮虎山的脚下，玻璃和山石修筑的走廊让人们可以平视老虎，好像老虎、狮子就在身旁。廊间还有科普知识介绍，现在的动物园，处处是科普，比我们小时候的动物知识丰富了不少。小时候对狮子、老虎，包括动物园里的其他动物，只限于看，并不了解它们的习性和相关动物知识，家里有的动物书主要是带汉语拼音的简介，年龄再大一点，最多回家翻一翻《十万个为什么》。小时候对动物以及各种科学知识的了解太匮乏了，那时候没有网络，查阅资料和书籍不太方便，也很少去图书馆。现在用手机上网就可以查阅了解相关动物知识。科技的发展真的让人的生活便捷了许多，这些节省下来的时间，可以用来休闲，也可以用来培养兴趣，增长才干，总之，可以做点让自己与众不同、让生活更开心快乐的事情，也可以做点对自己、对世界都有意义的事情。

在中国，狮子古称"狻猊"，多国科学家的调查结果显示，狮子起源于约12万年前的非洲东部和南部地区。在过去几十年来，生活在非洲的狮子数量大幅减少，要加强保护以维持整个狮子种群的生存和发展。

◎ 狮子

从小就听说老虎是兽中之王，不知道这个称号的由来是因为虎的勇猛，在自然界的地位使然，还是因为虎前额的黑纹形似汉字中的"王"字。虎是我国

◎ 老虎

十二生肖之一，位列第三，2022年刚好是虎年。有句俗话叫"老虎可不是吃素的"。虎生性凶猛，不惧怕人类，但一般不会主动攻击人，攻击人类这种惨剧通常发生在人类进入虎的领地时。前几年各地发生了几次野生动物园老虎伤人的事件，主要是因参观者下车后刺激到老虎受到攻击。动物特别是一些猛兽的习性、天性提醒着人类，保护动物的同时，也要保护好自己。

二、西区动物

1. 来自国外的动物

　　动物园的西区有很多种动物，我最喜欢看的是来自澳洲、美洲、非洲的动物。特别是来自澳洲的袋鼠还有美洲的羊驼或原驼，都是我小时候没有见过的。袋鼠很可爱，全身棕黄色或者土黄色。它们的头小小的，耳朵尖尖的，长

长的尾巴很粗壮，两后肢发达，长且大，坚实有力，这样在野外才能迅速奔跑和跳跃。和后肢比起来，袋鼠的两只前爪非常小，就像没有发育好似的。不过袋鼠前爪很灵活，它们的两只小前爪能像人的手一样抱着食物吃。羊驼外形像羊，最有特点的就是头顶上有一小撮长长的毛，把眼睛都挡住了，萌态十足，就好像人戴了一顶大檐的帽子把眼睛都遮住了，要微微抬头才能从帽子的边缘勉强看到外面的世界。我一直觉得羊驼头上的毛妨碍了它的视线，我在国外的牧场拿草伸进木栅栏喂它，没想到它能迅速且精准地吃到草，看来头上的毛不影响它生活，反而成了它的特色。在非洲动物区有斑马和花脸的南非长角羚。长角羚的脸像是勾画着漂亮的京剧脸谱一样，雄性长角羚还长有一对细而尖的长犄角。它们生活的区域相对宽敞，里面有草有树，模拟大自然中的野外生存条件。离游客最近的区域是围栏，并不是森严把守的铁丝网。这样对游客来说，观赏效果、拍照效果都好，对动物也更友好，只要它们不蹿出来，对动物和人都是安全的。可能园方也考虑到南非长角羚和斑马这两种食草动物比较温顺，所以设计了这种饲养和展览的方式。斑马西边有一处单独的院落，里面几间特别高大的房子，这是给长颈鹿准备的。西区这几种动物，已经很好地适应了北京四季的温度特点。春天它们生活的区域里会开有二月蓝。夏天它们会在树荫下找清凉。工作人员怕远道而来的动物们不适应北京的冬季，给它们的室内活动间都安装了暖气，我看到秋冬天它们仍然在室外活动，也许，它们喜欢上了北京的四季分明。

2. 鸣禽湖

在长颈鹿的西南方向有金丝猴、猩猩等灵长类动物，东南方向有貘和火烈鸟。我喜欢一直向南走到鸣禽湖看水鸟。从小家里习惯把动物园西侧的湖叫鸣禽湖，这次写作才发现官方的叫法是水禽湖，而我还是习惯于用小时候的称呼。这里的湖景挺美，还是小时候的样子，常有鸭子、鸳鸯、天鹅在这儿悠然地游弋。鸟类大致分为游禽、涉禽、陆禽、猛禽、鸣禽、攀禽六大类别。鸣禽湖这儿的水鸟大致可以分为：游禽和涉禽。游禽，简单说就是能在水里游的禽类，它们的共同特点是脚上有蹼，善于游泳，比如鸭子。另一类称为涉禽，这类鸟儿生活在水边，它们的共同特点是"三长"——长腿、长脖子、长嘴，但都不善于游泳，平时就靠长腿站在浅水中找吃的，比如鹤、鹳。每次看着水鸟们悠闲地站在岸边啄理羽毛或者在碧波中安适地游弋我都心生羡慕，看着它们一年四季都生活得这么悠闲自得，人也跟着放松和恬淡下来，突然觉得什么都没那么重要，什么也都没什么大不了，努力做，做自己就好。这就是来动物园的收获之一，也是给忙碌的我们提个醒，时常，我们该学习动物们的怡然自得，让自己的身心都好好放轻松些。

◎ 鸣禽湖

鸣禽湖多年来是摄影爱好者聚集地之一，他们使用的相机也几经更新，现在一律的"长枪短炮"，一排三脚架依次排开，真像是等候大型新闻发布会的庄严和虔诚。湖边果然有美景可期：清晨，勤劳的鸟儿们起床了，在树上啁啾，在岸上轻拍翅膀，在湖上轻轻掠过，然后轻盈地落到水中，后面荡起一串涟漪。傍晚，倦鸟归巢，在岸上互相依偎或梳理羽毛，在树梢上安家歇息，白天的喧闹渐渐趋于平静，衬着夕阳橙色的光芒，是一派温馨的归家图景。这就给摄影爱好者们无限的创作机会。有一年冬天我发现鸣禽湖南岸有一片柿子林，到了冬天树枝光秃秃的，可细细的枝条上却坠满了又大又圆的红柿子，真是惹人喜爱。只可惜，我站在树下就是够不着，只能眼巴巴地看着。估计园里果树的果子是留给鸟儿们过冬的零食吧。

三、北区动物

北区主要有河马、犀牛、大象3种动物，它们都属于热带动物。这些动物冬天都生活在室内，其他季节会在室外活动。有一次我看到水池旁围了不少游人，我猜水里一定是有动物，可水面看上去很平静。我也立在水池边，等了半天，水池里都是静静的，没有一丝波澜，人们像是在等待观看传说中的"尼斯湖水怪"一样翘首期盼。突然，水池一端冒出了几个水泡，随着游人的叫喊声、惊愕声，我看到灰色的河马从水里露出半个身子，然后翻身又向另一端游去。夏天看河马游泳，好像自己也有了一丝清凉。河马，从外观上看不太漂亮，小眼睛、小耳朵，可嘴巴大、脑袋大，身体也很高大，身形胖胖的，皮肤很厚，站在那儿像一堵灰色的墙一样。河马四肢短粗，尾巴细小。一次我看到了跟在妈妈旁边的小河马，它的样子并不漂亮，甚至有点蠢蠢的，看上去是小小的一团儿，很柔弱的，好像特别需要关心和爱护的样子。看着小河马令人怜爱的样子，我忽然觉得河马也挺可爱的，不是那么丑了。什么动物都是可爱

◎ 河马

的，它们顽强地在自然界中繁衍、生存下来，很多动物比人类更早地来到地球

上，更拥有在地球上生存的智慧，所以我们没有理由不去尊重每一种生命。

第四节　北京动物园的四季美景

1. 豳风堂

这次四季之旅我发现了一处古香古色的漂亮院落，正是豳风堂。这个建筑和院落是我小时候完全没有印象的地方，想不到从小玩到大，只看动物而少有古代建筑的动物园里，还有这么一处雅致的处所。走上几级汉白玉石台阶，就来到了豳风堂北门，"豳风堂"3个大金字在黑地的匾额上越发显得苍劲有力。我喜欢参观古建，北京皇家园林的古建就更与众不同，它有一种特殊的美，中国文化和中国元素能穿越时空，既代表着古典美，又征服了现代人。只要一看到这种风格的建筑就知道，这，就是中国的风格、中国的特色。

有一年春天我发现豳风堂屋檐下多处成了鸟雀的窝。鸟儿们在春天繁衍生息、添丁进口是喜事，这也说明北京的环境受到鸟儿的欢迎，又因为没有人来打扰，鸟雀们安静地做窝、抚养小宝宝。在温带及高纬度地区，多数鸟类会选择在春季开始繁殖，决定鸟类繁殖时间的主要因素是食物。野生鸟类在整个繁殖过程中，不但自身需要消耗大量的体能和营养物质，刚出壳的雏鸟也需要大量的食物。春天，气温开始回暖，植物的嫩芽、花汁液充足，各种昆虫、鼠类等活动也更频繁。无论是食草的鸟还是食肉的猛禽，还有杂食性的鸟都可以在春天找到丰富的食物。[1]北京的环境越来越优美，人们也更友善地对待动物。我小时候生活的周围还很少发现鸟窝或者鸟雀。现在北京的楼群、大街上都能常见到脖子上有花点的斑鸠，有时候还能看到戴胜，这些鸟我小时候可不常见。现在春天时，我几乎是伴着斑鸠咕咕的叫声醒来，起床就听见它们在叫，走出家门它们仍在叫，我停下来，寻声望去，却又常常找不到它们的踪影。生活的环境中，有更多的小动物也是挺美好的一件事儿。

豳风堂门前有一排灯笼树，这种树到了秋天结像小灯笼一样的果实，所以我叫它灯笼树。小时候我还专门等到秋天，捡掉在地上的小灯笼，剥开"灯

◎ 豳风堂

[1] 韩启德等：《十万个为什么·动物》，少年儿童出版社2016年版。

笼"，里面有圆滚滚的黑籽儿。这黑籽儿很轻，可以用来缝沙包，这样和同学们玩扔沙包的游戏，即使沙包砸在同学身上，也不用担心会伤到人。灯笼籽做沙包最好，有一年没有找到灯笼籽，而用吃的大米代替，后来不知道是沙包掉水里了，还是时间太长了，结果大米沙包发霉变质，只好把沙包扔了。现在的孩子们玩具太多了，好像他们不再玩沙包，更不会自己在家缝制沙包。

幽风堂建成于光绪三十四年（1908年），现在的幽风堂东面有中式餐馆。餐馆南忽见路边假山堆叠自然，顺山石小路转弯，豁然开朗，一处广阔古朴的小院出现在眼前。这是我第一次走进这里，幽风堂的南门上有一副对联，院前设有茶座，坐在下面品茶赏景很是自在。

2. 牡丹亭

幽风堂茶座以西有朱漆红柱的游廊，名为牡丹亭，它建于清光绪三十四年，又称为中式花园。这里我小时候没有来过，这片天地暂时让人忘记是在动物园，倒像是在文人墨客常去的雅致之处。我兴致勃勃地来到游廊之上，侧身坐在绿色的木廊上休息，再望四周的景观。游廊是圆形对称的，中心的小花园种植有牡丹等。沿游廊向西，来到一个游廊的出口，向北通向一个小湖，下得台阶来，可以沿湖中的假山石走到湖对岸。真是园中之园，景中有景，既有景致又有情趣，是个具有浓郁古代建筑特色的好去处。湖中有芦苇，秋季白花花的芦苇花穗随风飘扬，最美的时节当数夏天荷花盛开的时候。游廊最西侧离几株柳树最近，春天嫩柳与牡丹亭相映成趣，组成古朴与活力的美丽画卷。吴冠中先生在《关于抽象美》一文中提到："我在野外写生，白纸落在草地上，阳光将各种形状的杂草的影子投射到白纸上，往往组成令人神往的画面，那是草的幽灵，它脱离了躯壳，是抽象的美的形式。……苏州留园有布满三面墙壁的巨大爬山虎，当早春尚未发叶时，看那茎枝纵横伸展，线纹沉浮如游龙，野趣惑人，真是大自然难得的艺术创造。"北京的四季景色也是如此美丽有韵味。
植物的美是大自然的创造，古建的美是人类智慧的创造，更是北京城的特色。
它们组合在一起，就是老北京独有的四季盛景。

◎ 牡丹亭一景

3. 松风萝月轩

我小时候很少来这儿。小路上有个绿色的圆拱形花门，就像婚礼上的弧形
花门一样。若是早春时节，花门的样子还像冬天，干枯的枝条盘卷在花架上，
植物的身世之谜一直是我心里的一个问号，只有周围泛了嫩绿的柳树提示游人
春天来了。别心急，要想看美景就是要有耐心，等到最美的"人间四月天"
时，再来这个花门，我才感到惊诧：原来这是紫藤萝花啊！花架上坠满了一簇
簇的淡紫色，远看像一片梦幻迷离的紫雾，近看像一串串诱人葡萄，我真庆幸
赶在开花的时节看到它最美的模样。8月再来，花门的绿是最深沉的，而且上

面还挂满了像豆角一样的紫藤萝果实。虽然没有春天的繁花似锦，只绿绿的一片，看上去倒也舒心美丽。尤其夏天里眼睛最辛苦，明晃晃的阳光太刺眼，在地上被晒得白花花的一片时，能为双眼觅一处可以休憩的处所最棒了，人还能在下面乘凉，一处小小的花门竟有如此多的作用。秋天花门的颜色最丰富，叶片有绿有黄，还有的正在由绿转黄。眼前的一切提示着你，凉意渐起，金黄色是绚烂极致的终点，绚烂过后金黄的叶片会随风飘落，又到冬季只剩下攀缘的树枝了。我目睹了花廊一年四季的模样，它四季的美触动了我，从花廊四季的变化体会到它四季的不同与相同。景点不变，四季有常，既有文化深意，又有哲学内涵，这正是我做四季之旅的初衷之一，一个小小的花廊就恰好能表现出这典型的四季变换。北京，四季分明的城市，要想感受大自然的四季之不同，观赏自然伟力塑造出的四季美景，那么来北京吧！它会让你充分领略四种美，让你理解人间值得！

◎ 花廊

　　花廊北的岸边有一间漂亮的小亭子，后来我才知道，这里还有一个好听的名字叫"松风萝月轩"。别看它面积不大，却是始建于清光绪三十二年（1906年）的老建筑。"松风萝月"取自南宋诗人范成大的七律诗《怀归寄题小艇》。我真感叹，中文之美，古文之意境，现代人说话快且直白，韵味寡淡。看古人修建的亭台楼榭就美，起的名字更是画龙点睛，透着灵气！我得努力再学中文，多读读古书古诗，去体会古文的韵味意境，学习古人言简意赅又优美的表达。我常常坐在松风萝月轩里休息望风景，向南能望到岸上具有标志性意义的红色"狮虎山"3个字。湖中，还常常有三五成群的鸭子游来游去。坐在亭子里，脚下很热闹，常常有游人往下扔小块的面包和饼干，鱼儿们就会凑过来找吃的，偶尔鸭子也会来要吃的。冬日的湖面静悄悄，碧波荡漾的水面没有了，取而代之的是像一面镜子似的平平的湖面。湖的角落里秋天的落叶冻在了冰面上，像一块花地毯铺在湖上。鸭子们不知了去向，环湖的树木叶子都掉光了，倒是让湖面看起来比夏天枝繁叶茂时更开阔。冬天，寒冷是一定的，不过，对人们来说春节前总是让人兴奋的，而且过了立春，春天已经不远了。春天时，树儿抽出新芽，湖面热闹许多，鸭子、鱼儿自由地游来游去。到了夏天树叶最为茂密，水也最绿。秋天湖边景色最美，因为这时岸上色彩最丰富，亮丽的黄色俏皮地点缀在蓝天之间，也让周围的景色多了亮色，蓝天白云倒映在湖面上，像是云彩也融在了湖水里。美景可以让你暂时忘掉现实中的一切，而醉心于景致中。北京的四季盛景值得欣赏，它会回馈给你美好的心情。大自然是最聪明和有能量的导演，谁到了它的手下，也不能不按规律和规矩来。我最喜欢树和湖组成的四季图景，像四幅诉说生命的画卷。我每个季节，来到同一个位置，景物不变，可画框里的内容，已随四季更替。这正是自然之力，周而复始，自然循环，也是人生的主题和意义之一。看了四季变换，对生活中的许多事，就变得泰然、淡然。人最该像动物、植物学习尊重自然和自然规律呢！

◎ 动物园湖边一景 春

◎ 动物园湖边一景 秋

4. 木变石科普区

木变石景区是一个新景点，这片区域在我小时候大概在老熊山一带吧。现在的这里既有趣味景观又有科普知识，是挺好玩的一个去处。这儿不是主路上显眼的景点，所以来的游人不多，有点世外桃源的味道。我喜欢错落有致的太湖石，给这里增添了许多趣味，有了一丝江南园林小品的味道。去往木变石景区，要穿过一条小溪，冬天它是干涸的，裸露的河床可以将溪底的鹅卵石看个一清二楚。早春时节，柳树已经发芽，小溪却还没有丰盈，但到了4月份这里就有了迷人的模样：水来了，溪边还有二月蓝，这里美得像一个活泼可爱的小姑娘唤你来赏景。掉落的各种花瓣漂在溪水之上，随小溪静静地流淌，水面静得像一块镜子，没想到动物园还有这么富有诗意的景致，溪水倒映着树木花草，好像蓝天也融了一块在里面。夏天丰水时节，溪水汩汩，流淌不止。反射着太阳光芒的溪水像一块温润的绿色玉石，总让人忍不住想伸手摸一摸。每次踩着小溪中的大石头，深一脚浅一脚地过河，有点历险的窃喜和野外游玩才有的欢乐。小孩子们显然已经抵挡不住这潭溪水的诱惑，他们干脆与小溪来个"亲密接触"，水里的清凉和玩水的乐趣是夏天才有的幸事。沿着溪水和假山石修筑的弯弯小路走，豁然开朗有一片草地，草地的尽头有一小间金黄色的小木屋，上书"百木园"。小屋敦实可爱，就像是童话故事中用枫糖做的小房子，亮晶晶的，好像里面藏了很多奇异的宝藏。屋里确实有宝藏，是有关动植物的科普知识！

去往小屋的路上，有很多奇奇怪怪的石头，我是头一次见到这种样子的石头。它们的外观呈棕黄色又泛着些金属色，可看样子又像是一根根木桩，不禁疑惑，它们到底是石头还是树墩呢？原来，它们是石头。古代的树木由于地震等地质作用，被迅速埋到地下或被水淹没，树木里的细胞，被石英家族的石髓、蛋白石等物质置换，木质结构和纹理保留下来，可里面全是石英，就呈现

◎ 木变石附近的小溪

出我们现在看到的这些像大树桩一样已经变成石块的石头。所以，它被人称为木变石，也叫木化石。在自然界中，不同树种受到不同矿物质的浸染，木变石会呈现出红色、绿色、黄色、灰色、褐色和白色等多种颜色。现在北京动物园里看到的这些木变石有来自辽宁省的，也有来自新疆准噶尔的。这真是大自然的伟力，我是第一次见到这景象。动物园的四季之旅是一场奇妙的探索发现之旅！

◎ 木变石

北京动物园是一座历史名园，它不仅有众多世界各地的珍奇异兽，还有多处历史文化遗址。比如前面提到的豳风堂，本身就是一处历史遗迹，它周围还汇集了依绿亭、牡丹亭、荟芳轩等多处历史古迹。动物园还有畅观楼、宋教仁纪念塔、鬯春堂等历史遗迹。在北京动物园你可以体会大千世界中物种的多样

性，这是长见识、知识的好机会。因为这些可爱的动植物，北京动物园的四季盛景是最有活力的。我们要把丰富多彩的美好世界保护好，留给我们的后代和动物们的后代。

后　记

　　北京的名胜古迹对我来说，是儿时的乐土、童年的回忆，更是一种情结。我该怎样把对故土北京城的这份热爱与大家分享呢？来自四面八方的游客还有北京人可能去过北京的各处名胜，可您见到过这些名胜四季的模样吗？于是，我开启了北京名胜的四季之旅。这是观察之旅、探索之旅，更是发现之旅、收获之旅。

　　我没有想到，《老北京的四季盛景》一书从观察拍照到写作修改，一做就是6年多。我一趟趟跑各个名胜地，行程累计百余千米，拍摄照片2万多张，书中所用图片就是我从这2万多张照片中精心挑选出来的。一开始拍摄是新奇的。春天时，公园里百花争艳，枝头鸟儿鸣唱，水中野鸭浮游，美景所焕发的勃勃生机带动了我，让我铆足了劲儿去执行我的拍摄计划。然而到了夏天，赤日炎炎，拍照的热情就没那么高涨了，要完成自己的心愿，坚持更重要。当游览不再是走马观花地看风景，而是一个计划，心中就有了责任感和使命感，这时游览就不再轻松，也不放松。

　　这种心气让我能在夏天，不动就出汗，大地被太阳晒得白花花的，似乎一走出房间人就会热晕的时候，仍旧出门按照固定路线、固定景点去拍照。冬天，即使戴着手套、穿着厚实的冬鞋，依然被冻得从小手指、小脚趾开始往内侧有针扎和又疼又麻的感觉的时候，也会走出去拍摄。有时候累得膝盖酸疼，就坐下歇会儿，然后接着拍，直到这一天的拍摄计划完成，拍摄清单全都画上了对钩才能结束。坐车回家时已是傍晚，虽然累，但是心安，因为我知道这一天是有收获的，离我的计划完成又近了一点点。有时候我也想过"要不今天不去了，少拍一次也没什么，本来也是自发的"。可是，开弓没有回头箭，既然开始了，就要善始善终，当时，我在心中反复鼓励自己的一句话就是"夏练三伏，冬练三九"。酷暑、严寒是考验，更是北京四季的特色，没有付出和体验，怎能领略北京的四季盛景呢！

　　四季之旅，是一场有着哲学意味的旅行。春天是多彩活力的时节，夏天绿油油的生机达到顶峰，秋天是最后的芳华，冬天一切归于平淡。春生，夏长，秋收，冬藏，年复一年，每个阶段都在为下一个阶段做准备，周而复始，这是自然的规律，也是人类要向大自然学习的地方。建筑是古人智慧的结晶，更是人类的文化遗产。拍摄的时候，我沉浸在每座园林独特的氛围中，感受着时代的变迁和历史的永恒。每当身处其中，我都会被感动和折服，这种力量涤荡了我心中的浮躁，让我变得平和、宁静、深沉，也让我暂时抛开尘世的烦扰，去静心享受眼前的美好。生活中的美好其实很本真，也很易得，只是浮躁、粗糙的心灵就寻它不到。当你擅于发现生活中的美好时，那么，无论是春天的繁华还是冬天的清冷，我们都能愉悦地接受并享受。

最初，我想与大家分享我拍摄的四季美景，后来我发现，其实自己的收获最大。四季之旅就像是我人生之旅的一段奇妙旅程，它充盈着活力，穿越了历史。见识美景在这里只是最初层次的体验，我还自学了相关古建筑、植物和动物知识，这些知识虽只是一些皮毛，但确实拓展了我的知识面。如果能启迪新的智慧，生发新的灵感，那便更好了。

当初我选择写这6个地点，是因为北京人对它们很亲切和熟悉。一次在和东城区文联主席张志勇老师请教时，他提到北京的中轴线保护，不仅仅是指这一条全长7.8公里的中轴线，还有与北京中轴线遗产价值相关的其他不可移动文物、历史建筑、历史名园、古树名木等历史文化资源。经过这位热心的学者型领导的点拨，我的认识高度提高了。北京中轴线的申遗和保护是继承和发扬民族传统文化的大事，我应该更加努力，为之贡献自己的绵力。现在只是有意无意涉及了一点，远远不够。

感谢北京宣传文化引导基金的大力支持，我的努力才有成果。感谢北京出版集团北京美术摄影出版社的信任和鼓励。北京市东城区文

联和东城作家协会韩小蕙主席、杨建业主席等诸多老师的爱护与热心帮助，让我铭记于心。特别感谢北海公园文化研究室副主任张冕老师的帮助。对于来自陶津老师、戴占军老师，还有徐刚、聂银松、李东林诸位老师的帮助，还有我的家人给我良好的创作环境，我的感激之情不是谢谢二字能表达的。仅在此对所有给予我热情帮助的老师致以最真诚的谢意。

时间仓促，水平所限，错漏在所难免，恳请读者朋友们不吝指正。

何羿翯

2022 年 4 月